尺寸文

천 개의 무늬

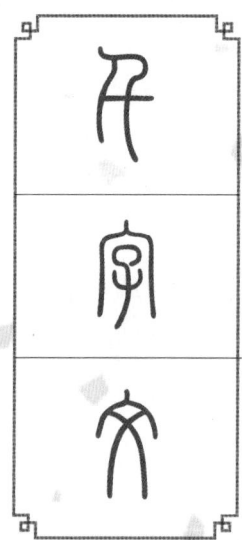

저자 머리말

『천자문』은 한자를 공부하겠다고 마음먹을 때 가장 먼저 떠올리는 책일 것이다. 조상들이 이 책으로 공부의 첫걸음을 떼었던 전통 때문이기도 하고, '하늘 천, 땅 지'로 시작되는 첫 구절이 너무 익숙해서 남은 글자들도 쉽게 배울 수 있다는 생각이 들어서도 그렇다. 하지만 몇 구절을 더 읽고 나면 이내 이런 생각이 상당히 큰 오해였음을 깨닫게 된다. 낯선 한자도 많고, 그것으로 구성된 구절은 더더욱 해석이 어렵다. 그래서 우리는 중문학 연구자로서 『천자문』을 가지고 그동안 배우고 연구한 것을 나눌 수 있으면 좋겠다고 생각했다.

『천자문』은 천 개의 한자로 이루어졌는데 중복되는 것이 하나도 없고, 간단한 글자로부터 복잡한 글자에 이르기까지 골고루 들어 있어서 한자의 구조와 역사를 설명하기에 적합하다. 게다가 여덟 글자 단위로 이루어진 구절마다 중국의 역사와 철학, 사람과 문화에 대한 방대한 이야기가 담겨 있어 적절한 설명을 더하면 꽤 재미있게 한자를 배울 수 있다. 그래서 우리는 『천자문』으로 한자 학습 동영상을 만들기로 했다.

그런 모의 끝에 처음으로 유튜브에 '염문 천자문'이라는 이름으로 동영상을 게시한 것이 2018년 겨울이었다. 그 이름의 유래는 간단하다. 동영상을 강의한 염정삼과 문준혜의 '염'과 '문'을 따서 앞에 붙인 것이다. (물론 『천자문』으로 세간에 '염문'을 뿌리고 싶은 야심도 있었다) 그리고 동영상에 미처 담지 못한 이야기들은 아쉬운 대로 글로 작성하여 조금씩 블로그에 올려 두었다. 글이 쌓이면 책으로 엮어내자고 생각하던 차에 '재희의 서재' 대표 박혜정 씨를 만나 함께 출판을 도모하게 되었다.

『염문 천자문』은 모두 다섯 권으로 기획되었다. 제목에 더해진 '천 개의 무늬'는 문자를 중심에 두고 이야기하는 우리의 책을 잘 설명한다고 생각하여 덧붙인 별명이다. '文'은 본래 사람의 몸에 그려진 문신을 의미했고 그것으로부터 아름다운 무늬, 잘 꾸며진 장식, 문자, 문장 등을 뜻하는 글자가 되었다. 그렇다면 천 개의 글자는 곧 천 개의 무늬가 될 수 있다. 그런데 가만히 들여다보면 그 무늬들 속에는 저마다의 이야기가 담겨 있고, 여덟 글자로 이루어진 천자문의 한 구절은 이들이 어우러져 화음을 이룬 하나의 소곡(小曲)이 된다. 모두 125개의 소곡에 관한 이야기를 이제 시작해보려 한다. 모쪼록 우리가 한자를 배우고 연구하며 느꼈던 즐거움을 조금이라도 독자들과 나눌 수 있기를 기대한다.

2023년 2월
염정삼 문준혜 신주리

목차

저자 머리말   5

제26강 현인과 성인
景行維賢 克念作聖 경행유현 극념작성   11

제27강 덕성과 외모
德建名立 形端表正 덕건명립 형단표정   21

제28강 비워야 소리가 들린다
空谷傳聲 虛堂習聽 공곡전성 허당습청   31

제29강 화와 복은 누가 짓는가
禍因惡積 福緣善慶 화인악적 복연선경   41

제30강 시간이 왜 그렇게 중요한가
尺璧非寶 寸陰是競 척벽비보 촌음시경   51

제31강 아버지를 기준으로
資父事君 曰嚴與敬 자부사군 왈엄여경   61

제32강 효도 충도 최선을 다해서
孝當竭力 忠則盡命 효당갈력 충즉진명   71

제33강 신중하고 세심하게
臨深履薄 夙興溫凊 임심리박 숙흥온정   81

제34강 난초처럼 소나무처럼
似蘭斯馨 如松之盛 사란사형 여송지성   91

제35강 흐르는 냇물과 맑은 연못
川流不息 淵澄取暎 천류불식 연징취영   101

제36강 말과 행동은 이렇게
  容止若思 言辭安定 용지약사 언사안정   111

제37강 처음도 끝도 신중하게
  篤初誠美 愼終宜令 독초성미 신종의령   121

제38강 영화로운 업적의 바탕
  榮業所基 籍甚無竟 영업소기 자심무경   131

제39강 배움과 정치
  學優登仕 攝職從政 학우등사 섭직종정   141

제40강 기억해야 하는 것
  存以甘棠 去而益詠 존이감당 거이익영   151

제41강 다름을 이해하기
  樂殊貴賤 禮別尊卑 악수귀천 예별존비   163

제42강 아름다운 노래를 함께 부르는 것
  上和下睦 夫唱婦隨 상화하목 부창부수   173

제43강 어머니로 살기
  外受傅訓 入奉母儀 외수부훈 입봉모의   183

제44강 우리 아이 우리 어른
  諸姑伯叔 猶子比兒 제고백숙 유자비아   195

제45강 우애의 두 얼굴
  孔懷兄弟 同氣連枝 공회형제 동기연지   205

제46강 벗이 된다는 것
  交友投分 切磨箴規 교우투분 절마잠규   215

제47강 **측은하게 여기는 마음**
　　仁慈隱惻 造次弗離 인자은측 조차불리　　225

제48강 **의로움을 지키는 법**
　　節義廉退 顚沛匪虧 절의염퇴 전패비휴　　237

제49강 **본성과 감정**
　　性靜情逸 心動神疲 성정정일 심동신피　　247

제50강 **참된 뜻을 지키기**
　　守眞志滿 逐物意移 수진지만 축물의이　　259

제51강 **높은 벼슬을 얻는 법**
　　堅持雅操 好爵自縻 견지아조 호작자미　　269

마무리 글　　279

자료출처　　284

찾아보기　　285

보충자료 목차

◆ 허신許愼과 『설문해자說文解字』　　97

◆ 『옥편玉篇』과 자전字典　　107

◆ 단옥재段玉裁와 『설문해자주說文解字注』　　159

◆ 박선수朴瑄壽와 『설문해자익징說文解字翼徵』　　255

일러두기

1. 책의 구성에 관하여
- 『천자문』의 내용을 8자 단위로 끊어서 한 강으로 구성했다.
- 각 강은 〈원문과 번역〉 - 〈본문과 주석〉 - 〈고문자 설명〉 순으로 구성됐다.
- 〈고문자 설명〉에는 학습자가 직접 갑골문과 소전을 쓸 수 있도록 빈칸을 마련했다. 갑골문이나 금문이 없는 경우에는 소전만 제시했다.

2. 한자와 한글 병기 및 주석에 관하여
- 인명, 지명, 서명 및 익숙한 한자어는 '한글/한자' 순으로 병기했다.
  예) 하은주夏殷周
- 한자를 먼저 제시할 필요가 있을 때에는 '한자/한글' 순으로 병기했다.
  예) 天地人천지인
- 주석에서는 인용한 문헌의 번역문과 원문을 제시했다.

3. 참고자료에 관하여
- 고문자 설명에 나오는 자형들은 기본적으로 漢典(zdic.net)의 제공하는 '字源字形'에 근거하였고, 일부 글자는 『자원(字源)』을 활용했다.
- 유튜브 〈염문천자문〉 강의 및 네이버블로그도 활용했다.
- 각 강 마지막 가운데에 해당 유튜브 영상 〈염문천자문〉의 QR코드를 표기했다.

제26강

景行維賢 克念作聖
경행유현 극념작성

현인과 성인

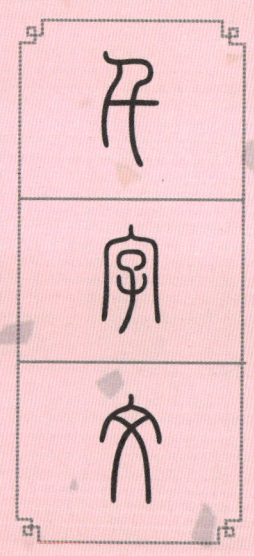

> 떳떳한 일을 실행하려면 현인을 생각하고
> 극기를 염두에 두고 성인이 되고자 하라.

이 구절의 '景行경행'은 밝고 떳떳한 행동을 뜻한다. 그런 행동을 하려면 '현인'을 생각하라는 말이다. 경행은 『시경 詩經·거할車舝』의 "景行行止[밝고 떳떳한 행동을 하는구나]"라는 구절에 등장한다.[1] 이 작품은 주周나라 대부들이 유왕幽王 (재위: B.C.781~B.C.771)을 비판하면서 지은 것이다. 그렇다면 '경행유현'은 유왕과 어떤 연관이 있는 건 아닐까. 밝고 떳떳한 행동은 어떤 것일까.

유왕은 주나라의 제12대 왕이다. 유왕의 재위 시절 주나라의 국세는 완전히 쇠퇴했다. 후대의 역사가들은 유왕 때 포사 褒姒라는 여인이 후궁으로 들어온 사건을 주목한다. 유왕은 포사를 들인 후 정실부인 신후申后와 태자 의구宜臼를 폐하고, 포사에게서 낳은 아들 백복伯服을 태자로 세웠다. 이 사건은 정치적인 혼란을 야기했고, 이후 유왕은 권력을 다시 회복하지 못했다. 결국 제13대 평왕平王(재위: B.C.770~B.C.720) 때에 수도를 낙양으로 옮기면서 춘추시대春秋時代가 시작되었다.

유왕과 포사의 이야기는 매우 유명하다. 포사가 잘 웃지 않았기 때문에 유왕은 다양한 방법으로 그녀를 웃기려 했다. 예컨대 비단 찢는 소리를 듣고 포사가 희미하게 미소를 짓자, 유왕은 온 나라의 비단을 걷어다가 찢었다. 이로 인해 '천금을 들여서 웃음을 산다'는 뜻의 '천금매소千金買笑'라는 고사성어가 생겨났다. 또 하나의 유명한 일화는 봉화사건이다. 실수로 봉화를 잘못 피워 사방의 제후가 허둥대며 집결한 것을 보고 포사가 웃자, 유왕은 걸핏하면 봉화를 피워서 제후들의 신뢰를 잃었다. 그러다가 정작 외적이 쳐들어와 왕이 구원해달라는 절박한 봉화를 올렸으나 어떤 제후도 그를 구하러 오지 않았다.

그렇다면 「거할」은 주나라 대부들이 유왕에게, 다시는 그런 일을 저지르지 말고 남들에게 모범이 되는 떳떳한 행동을 보여달라는 소망을 담은 시이다. 「거할」시의 주석가는 이렇게 말한다. "「거할」은 대부들이 유왕을 비난하는 시이다. 포사는 질투가 심하여 무도한 일까지 저지르면서 교묘한 참언으로 나라를 패망시켰고, 백성에게 은덕을 베풀지 못하게 했다.

주나라 사람은 현명한 여인이 왕의 배필이 되기를 소망하여 이 시를 지었다."² 이 주석을 참고하면 '경행유현'의 현賢은 '어질고 현명한 여인'이다.

'현賢'자는 '臤간'과 '貝패'로 구성된 글자이며, 예전에는 '臤간'자만으로도 현인을 뜻했다. '臤간'자는 '굳건하다'의 뜻을 가진 '堅견'자와 통하기 때문에 굳건하고 지조있는 사람을 뜻하는 말로 사용되었다.

'克念作聖극념작성'은 『서경書經』에 등장하는 구절이다. 「다방多方」편에 나오는데, 이 작품은 주 성왕成王(재위: B.C.11세기)때 지어졌다. 성왕은 주나라의 제2대 왕으로, 무왕武王의 아들이자 주공周公 단旦의 조카이다. 상商나라를 멸망시키고 불과 2년 만에 사망한 무왕의 뒤를 이어 성왕이 어린 나이에 즉위하였다. 당시 주나라는 세워진 지 얼마 되지 않은 데다가, 상商나라의 유민들과 무왕의 동생들이 연합하여 반란을 일으키는 등, 국정이 지극히 불안정했다. 아직 어린 성왕 대신에 실제 정무는 숙부인 주공단이 돌보았다. 주공이 충실하게 성왕을 보좌한 덕분에, 성왕대로부터 뒤를 이은 강왕康王(재위: B.C.1020~B.C.996) 대까지는 주나라의 토대가 굳건해졌다. 이 작품은 그때의 저작으로 주공의 정치력이 드러나는 글이다.

「다방」편의 이 구절 '극념작성'은, 새로 세운 주나라를 인정하지 않으려는 주변의 여러 제후에게 주공이 훈계하는 내용에 등장한다.[3] 주공은 주나라가 상나라를 멸망시킬 수 있었던 이유를 들어 경고한다. 그 이유란 제후들이 향락에 빠져 난폭한 정치를 하며 하늘의 명을 져버렸기 때문이라는 것이다. 동시에 주공은 이 경고를 통해 성왕에게 난폭한 왕이 되어서는 안되며, 오로지 성인이 되기를 잊지 말라고 당부하는 심정을 간접적으로 드러냈다.

주흥사周興嗣는 유왕 시대의 작품을 통해 통치자에게 반면 거울을 삼도록 하고, 성왕 시대의 작품에서 성인이 되라는 훈계를 담아 이 구절을 만들었다. 왕이 된 사람은 밝고 떳떳한 행동을 하는 현명한 사람이 되고자 하고, 언제나 성인다운 군주가 되려고 노력해야 한다고.

【주석】

1 『시경·소아(小雅)·거할』: "높은 산을 우러르듯이 떳떳하고 밝은 행동을 실행하는구나.(高山仰止, 景行行止.)"

2 『시경·소아·거할』 모시서(毛詩序): "車舝, 大夫刺幽王也, 襃姒嫉妬, 無道並進, 讒巧敗國, 德澤不加於民. 周人, 思得賢女以配君子, 故作是詩也."

3 『서경·다방』: "주공이 말했다. '…… 왕은 또 말하였소, 그대들 여러 나라에 고하노라. 하늘이 하(夏)나라를 버린 것이 아니고, 하늘이 상(商)나라를 버린 것도 아니다. 오직 그대들 임금이 그대의 여러 나라에게 하늘의 명을 함부로 버리게 하여 죄를 지었기 때문이다. 하나라는 그 정치를 버려 안락을 누리지 못하였고 하늘이 멸망을 내려 다른 나라로 대신하게 했다. 그 뒤 상나라의 왕도 향락에 빠져 정사를 버려두고 정성스런 제사를 드리지 않으니 하늘이 멸망을 내리셨다. 성인이라도 난폭한 군주가 되어서는 안되며, 난폭한 군주라면 오로지 성인이 될 것만을 생각해야 한다. 하늘이 5년 동안 그 후손에게 여유를 주고 백성들의 군주가 되라 하였으나 들으려고 하지 않았다. 하늘은 그대들 여러 나라를 구하시려 위엄으로 그대들을 일으키고 하늘에 따르도록 열어주었으나, 그대들 여러 나라는 그것을 돌아보려 하지 않았다.'(周公曰 …… 王若曰, 誥告爾多方. 非天庸釋有夏, 非天庸釋有殷. 乃惟爾辟, 以爾多方, 大淫圖天之命, 屑有辭. 乃惟有夏圖厥政, 不集于享, 天降時喪, 有邦間之. 乃惟爾商後王, 逸厥逸, 圖厥政, 不蠲烝, 天惟降時喪. 惟聖罔念作狂, 惟狂克念作聖. 天惟五年須暇之子孫, 誕作民主, 罔可念聽. 天惟求爾多方, 大動以威, 開厥顧天, 惟爾多方罔堪顧之.)"

◆ **고문자 설명**: 빈 칸은 독자가 글자를 따라 쓰는 곳이다.

갑골문		소전		다닐 행

『설문』에서는 소전의 行을 '彳'(척)과 '亍'(촉)으로 분리하고, 사람의 걸음걸이를 뜻한다고 풀이했다. 그러나 行의 갑골문을 보면, 이 글자는 사방으로 통하는 십자로를 그대로 상형한 것이다. 길은 사람이 그 위를 걸어서 목적한 곳으로 가는 통로이므로, 이 글자로 '걷다, 다니다'라는 의미를 나타냈다.

갑골문		소전		이길 극

학자들은 克의 갑골문을 사람이 투구를 쓰고 있는 모습으로 해석한다. 투구는 고대에 전쟁에서 승리한 뒤 전리품으로 얻을 수 있는 물건이었다. 그래서 이 글자로 '이긴다'는 뜻을 표현했다. 후에는 전쟁에서 이기는 것 뿐 아니라, 어떤 상황이나 물건을 능히 감당할 수 있다는 의미도 나타내게 되었다.

作의 갑골문은 칼을 의미하는 '刀(도)'와 그 위에 어떤 기호를 더한 형태이다. 혹자는 이 기호를 刀로 표현된 농기구를 사용해서 땅을 고를 때 옆으로 떨어지는 흙이라고 하고, 혹자는 거북점을 치기 위해 칼로 거북을 다듬는 다는 의미에서 '卜(복)'이라고 하는데, 모두 도구를 사용해 무엇을 만든다 는 의미를 표현한 것이다. 소전은 '人(인)'을 더해서 사람이 만든다는 의미를 분명히 했다.

聖의 갑골문은 귀가 크게 강조된 사람과 입을 의미하는 '口(구)'로 구성되었다. 남이 말하는 것을 큰 귀로 잘 듣는다는 뜻이다. 그런데 단순히 청각이 좋다는 것이 아니라, 남의 말을 잘 알아듣고 그 마음을 꿰뚫어 본다는 의미이다. 세상에서는 그런 사람을 성인(聖人)이라고 말한다.

景行維賢 克念作聖

제27강

德建名立 形端表正
덕건명립 형단표정

덕성과 외모

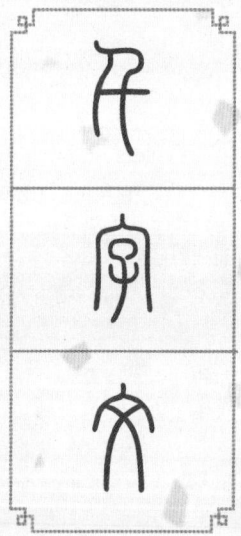

> 덕을 세워야 이름이 올바로 서고
> 몸을 단정하게 만들어야 외양이 바르게 된다.

이 구절의 '덕'과 '몸'은 누구의 덕이고 누구의 몸인가. 『천자문』은 주흥사가 양무제梁武帝에게 바친 글이다. 그렇다면 제일 독자는 바로 황제다. 그러므로 이 구절에 나오는 덕과 몸은 정치에서 최고위에 있는 통치자의 덕을 말하고, 그의 몸을 가리키는 것으로 독해해야 한다.

주의해야 할 것은 '덕'과 '이름'의 연관성이다. '德덕'과 '名명'은 고대 중국에서 매우 중요한 개념이다. 『논어論語』에서 공자孔子는 여러 차례 덕을 언급했다. 위정자가 덕을 갖추고 정치하는 것은 마치 북극성이 자기 자리를 지키고 뭇별들이 그것을 중심으로 도는 것과 같다고 말하거나,[1] 군자의 덕은 마치 바람과 같고 소인의 덕은 풀과 같아서 풀 위에 바람이 불면 풀은 반드시 눕는다고 하여[2] 덕을 갖춘 군자의 영향력을 언급하였다. 또한 공자는 이름을 바로잡는 일의 중요성을 강조하기도 했다. 제자 자로子路가 공자에게 정치를 하려면 무엇을 가장 먼저 하겠느냐고 질문했을 때, 공자는 반드시 이름부터 바로잡겠다고 대답했을 만큼 이름을 중시했다. 공자는 이름이 바르지 않으면 그 어떤 일도 성사되지 않고 백성들도 어찌해야 할 바를 모르게 된다고 경고했다.[3]

덕을 중시하기는 하지만, 이름부터 바로잡겠다는 공자의 정치적 다짐을 생각하면 무엇보다 이름이 앞서 있는 것처럼 보인다. 그래서 마치 이름이나 명분이 없으면 덕조차 안 세워지는 것처럼 해석될 여지도 보인다.

그러나 고대 중국에서 계층에 따라 왕이나 제후, 대부 등 그 '이름'에 담긴 무게는 단순하지 않았다. 한 개인은 자신을 지칭하는 고유한 이름 외에도 다양한 관계 속에서 이름을 부여받았다. 예를 들어 군주, 신하, 아버지, 어머니, 아들, 자식, 형, 누나, 아우도 모두 그 이름이다. 공자의 이름 바로잡기는 이런 관계 속에 있는 개인의 역할과 의무에 관한 이야기를 담고 있다. 그래서 공자는 '군주'라는 이름을 앞세우기보다는 '군주다움'을, '아버지'라는 이름보다는 '아버지다움'을 강조하였다. '~다움'이 먼저 세워졌을 때 비로소 '군주'라 할 수 있고 '아버지'라 할 수 있다.[4] 그러므로 '~다움'은 그 이름에 갖추어야 할 '德'으로 볼 수 있으며, 덕이 세워져야 이름이 올바로 설 수 있다. 말만 앞세우거나 교묘한 논변에 능한 사람은 결코 덕을 갖추었다고 할 수 없다.[5] 그래서 이름이 먼저가 아니라, 덕이 우선이다.

몸 또한 마찬가지다. 멋진 옷을 입고 머리를 치장하는 등 외양만 열심히 가꾼다고 바른 자세를 만들 수 있는 것은 아니다. 외양 안에 들어 있는 몸부터 바른 자세를 잡아야 비로소 전체적인 외모가 완성된다. 밖이 먼저가 아니라 안이 먼저이듯. '形端表正형단표정'의 '形형'은 '옷 안의 몸'이며 '表표'는 '몸 밖의 꾸민 옷'이다. 글자를 살펴보아도 알 수 있는데, 表자는 옷을 기본으로 하여 만든 글자다. 옷을 뜻하는 '衣의'자가 위아래로 나뉘어 있고, 그 사이에 '毛모'자가 들어 있다.

表 소전

德과 名은 공자뿐만 아니라, 노자老子에게도 매우 중요한 개념이다. 노자는 이름을 부를 수 있다면 '진정한 이름[常名]'

이 아니라고 했다.[6] 동시에 '최고의 덕[上德]'은 자신의 덕을 덕으로 여기지 않는 것이고, 그래야 비로소 덕을 가진다고 주장하였다.[7] 이것은 역설이다. 이름을 부르기 시작하면 그 이름은 더 이상 영원한 이름이 될 수 없다는 뜻이고, 덕을 베푼다고 여기면서 덕을 실행하면 최고의 덕이 될 수 없다는 뜻이니까. 그렇지만 노자의 말은 아무 것도 하지 말라는 주장이 아니다. 무언가를 하되 그것을 하고 있다는 자의식과 이름에 집착하면 최고의 경지에 이를 수는 없다는 뜻이다.

만약 노자를 따라 '덕건명립'을 해석한다면 다음과 같지 않을까. '덕을 세움'은 '덕'이라는 이름만 앞세워 실행하는 게 아니라, 그런 의식 없이 내면의 덕을 쌓아서 실천해가는 것이다. 그래야 비로소 남들은 그에게 '덕이 있다'는 이름을 붙여줄 수 있다.

【주석】
1 『논어·위정(爲政)』: "공자가 말했다. '정치를 덕으로 하는 것은 마치 북극성이 자기 자리를 지키는데 뭇별들이 그것을 중심으로 도는 것과 같다.'(子曰, 爲政以德, 譬如北辰居其所, 而衆星共之.)"
2 『논어·안연(顏淵)』: "군자의 덕은 바람과 같고, 소인의 덕은 풀과 같다. 풀 위에 바람이 불면 풀은 반드시 눕는다.(君子之德風, 小人之德草. 草上之風必偃.)"
3 『논어·자로(子路)』: "이름이 바르지 않으면 그 말에 순종하지 않고, 말에 순종하지 않으면 일이 성사되지 않는다. 일이 성사되지 않는다면 예악을 일으킬 수 없고 예악을 일으킬 수 없다면 형벌을 적용할 수 없다. 형벌이 적용되지 않으면 백성들을 손발을 어찌 써야할 줄 모른다. 그래서 군자는 이름을 붙여서 반드시 그것에 따르는 말을 하게 하고, 말을 하면 반드시 실천할 수 있게 한다. 그리되면 군자는 그 말에 구차한 바가 없어진다.(名不正則言不順, 言不順則事不成. 事不成則禮樂不興, 禮樂不興則刑罰不中. 刑罰不中則民無所措手足. 故君子名之, 必可言也, 言之必可行也. 君子於其言, 無所苟已矣.)"
4 『논어·안연』: "군주는 군주다워야 하고 신하는 신하다워야 하고 아버지는 아버지다워야 하고 자식은 자식다워야 한다.(君君臣臣父父子子.)"
5 『논어·헌문(憲問)』: "덕이 있는 자는 반드시 그에 따르는 말이 있다. 그러나 말만 앞서는 자가 반드시 덕을 갖춘 것은 아니다.(有德者, 必有言. 有言者, 不必有德.)"
『논어·위령공(衛靈公)』: "교묘한 말은 덕을 어지럽힌다.(巧言亂德.)"
6 『노자(老子)』1장: "말로 표현할 수 있는 도는 영원한 도가 아니고, 부를 수 있는 이름은 영원한 이름이 아니다.(道可道非常道, 名可名非常名.)"
7 『노자』38장: "최고의 덕은 자신의 덕을 덕으로 여기지 않는다. 그래서 덕을 가지게 된다. 하수의 덕은 자신의 덕을 잃지 않으려 한다. 그래서 덕이 없어진다.(上德不德. 是以有德. 下德不失德. 是以無德.)"

◈ 고문자 설명

갑골문	소전	덕 덕

德의 갑골문은 사거리 길 위에 '直(곧을 직)'이 있는 형태다. 直은 사람의 눈 위에 직선을 그어 '똑바로 본다'는 뜻을 표현한 글자다. 그렇다면 德은 본래 사람이 '길에서 똑바로 보며 걷는다'는 의미이다. 소전에서는 사거리의 왼쪽 부분만으로 길을 표현하고, 直자 아래에 '心(심)'을 더해서 똑바로 걷는 것 뿐 아니라, 바른 마음을 가지는 것까지 표현했다. 그래서 '실천적인 덕행'과 '내면의 도덕'을 모두 의미하는 글자가 되었다.

갑골문	소전	이름 명

名은 갑골문부터 해서에 이르기까지 모두 저녁을 뜻하는 '夕(석)'과 입을 뜻하는 '口(구)'로 구성되었다. 『설문』에서는 이 글자가 남의 이름이 아니라 자신의 이름을 부르는 것이라고 풀이했다. 서로 누구인지 알아볼 수 없을 정도로 어두운 저녁에 이름을 불러, 자신이 누구인지 밝히고 상대방을 안심시켰다는 뜻이다.

소전		모양 형

『설문』에서는 形을 '彡(터럭 삼)'과 발음성분인 '幵(견)'으로 구성된 형성자로 분석하고, 형상을 그대로 그려낸 것이라고 풀이했다. '그려낸다'는 뜻은 彡이 나타낸다. 彡은 털을 상형한 글자인데, 털을 이용하여 그린 무늬도 뜻한다. 왼쪽 부분은 '干(방패 간)'이 병렬된 글자처럼 보이지만, 실제로는 '井(우물 정)'의 이체 자형이다. 이것이 形자의 발음 성분이다.

소전		겉 표

表의 해서 자형은 마치 '士(선비 사)' 아래에 옷을 의미하는 '衣(의)'가 있는 것처럼 보인다. 그러나 소전을 보면 衣자를 위아래로 분리하고, 그 가운데 털을 의미하는 '毛(모)'가 들어 있는 것을 알 수 있다. 가죽옷은 털이 바깥에 있기 때문에, 이것으로 '겉옷'이라는 의미를 나타냈고, 더 나아가 '겉, 바깥'이라는 추상적인 의미도 나타냈다.

德建名介　形端表正

제28장

空谷傳聲 虛堂習聽
공곡전성 허당습청

비워야 소리가 들린다

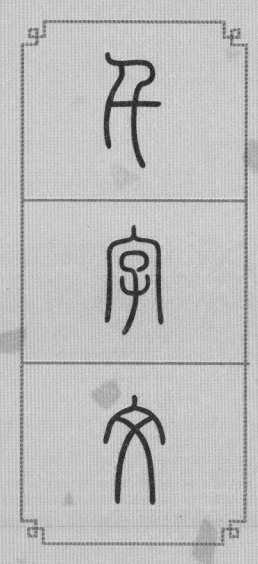

> 빈 골짜기에서는 소리가 더욱 잘 전해지고
> 비어있는 집에서는 더욱 잘 들린다.

이 구절은 들여다보면 볼수록 대단히 오묘한 역설이다. 소리가 잘 들리는 곳은 시야가 탁 트인 곳, 막힘이 없는 곳이어야 한다. 그런데 소리가 잘 들리는 곳이 '깊은 골짜기'란다. 게다가 말이 잘 전달되는 장소가 사람이 많이 모인 곳도 아니고 넓디 넓은 광장도 아니며 '텅 비어있는 집'이라고 이야기하고 있다.

주흥사는 무슨 말을 하고 싶었을까. 앞의 구절과 맥락이 이어지는 것일까. 제26강 '景行維賢경행유현 克念作聖극념작성'에서는 성현의 행동과 마음가짐을 이야기했고, 제27강 '德建名立덕건명립 形端表正형단표정'에서는 군자다운 덕행과 명예, 그리고 단정한 몸과 올바른 외모를 말했다. 앞의 구절을 이어받는다면 제28강의 이 역설은 성현과 군자를 염두에 두고 만든 것이 틀림없다.

『주역周易』에 이런 말이 나온다. "군자는 자신의 방에 있을 때에도 그가 선한 말을 하면 천 리 밖에서도 호응하고, 그가 불선不善한 말을 하면 천 리 밖에서도 그것을 알고 어긋난다."[1] 사실 방에 가만히 앉아 혼자서 말을 하면, 아무도 그가 어떤 말을 했는지 모를 것이다. 그런데 성현과 군자가 과연 완벽하게 혼자 있을 수 있는 사람인가. 고대에 그런 명예와 직위를 가지고 정치적 영향력을 지닌 이에게는 옆에 반드시 시중드는 사람이 있었다.

그러므로 군자라면 혹은 군자가 될만한 사람이라면, 혼자 마음대로 말해도 아무도 모를 것이라고 생각해서는 안 된다. 주변에 아무 것도 없는 빈 골짜기라고 생각했는데 그곳에서 한 이야기가 마구 사방으로 퍼져나가고, 아무도 듣는 이 없는 빈 집이라고 여겼는데 천 리 밖까지 그 이야기가 전해진다. 그러므로 군자의 사사로운 언행이야말로 영예와 치욕을 받는 시발점이다. 삼가고 또 삼가지 않을 수 있겠는가.

『노자老子』에 관련되는 구절이 있는지 찾아보았다. 왜냐하면 '골짜기[谷]'와 '비어 있음[虛]'은 비유적인 표현으로, 그 개념이 중요하게 사용된 문헌을 든다면 무엇보다 『노자』가 떠오르기 때문이다.

『노자』에서는 '골짜기'를 이렇게 표현했다. "골짜기의 신[谷神]은 죽지 않으리니, 이를 일러 '현빈玄牝'이라 한다. 그리고 현빈의 문門을 일러 천지天地의 뿌리라고 한다. 그것은 면면히 이어져서 아무리 써도 지칠 줄 모른다."[2] "천하의 물을 모아 흐르게 하는 천하의 골짜기가 되면 영구불변의 덕德이 떠나지 않아 천진한 어린이로 돌아가게 된다." 『노자』는 또한 천하의 골짜기가 될 수 있다면 영원한 덕德으로 충만해질 것이며, 성인聖人은 그것을 이용하여 모든 관직의 우두머리가 될 수 있다고 설명했다.[3] 이렇듯 『노자』에 등장하는 골짜기는 천지가 생긴 근원이며 영원히 고갈되지 않는 뿌리이다. 골짜기는 성인의 떳떳한 덕의 뿌리이자 원형이고, 성인은 그것을 이용하여 정치적 능력을 완성한다.

'비어있음' 또한 『노자』에게 매우 중요한 개념이다. 특히 '비움'에 대해 이렇게 말했다. "성인의 다스림은 마음을 비우게 하고 그 배는 채우며, 헛된 뜻은 약하게 만들고 참된 뼈는 강하게 만든다. 늘 백성들을 알지 못하게 하고 욕심을 부리지 않게 하여, 아는 척하는 자들이 감히 수작을 부리지 못하게 한다."[4]

이러한 『노자』의 구절을 참고해서 해석한다면, 이 구절은 성현과 군자가 천지를 만든 근원처럼 늘 비어있음을 실천하라는 뜻이다. 그래야 그 이름과 덕을 널리 퍼뜨릴 수 있다. 주흥사도 『노자』에 기대어 이렇게 말하려고 했나 보다. 위정자들이여! 비어있는 골짜기가 되고 빈집이 되어라. 그래야 훌륭하다는 명성이 더욱 멀리 퍼질 것이다.

【주석】

1 『주역·계사상(繫辭上)』: "군자는 자신의 방에 있으면서도 그 말을 선하게 하면 천리의 밖에서도 그에 호응하나니, 하물며 가까이 있는 경우에랴. 자신의 방에 있으면서도 그 말을 불선하게 하면 천리의 밖에서도 그에게서 어긋나리니, 하물며 가까이 있는 경우에랴. 말은 그 몸에서 나오지만 백성들에게 전해지고 행실은 가까이에서 시작되나 멀리까지 드러나리니, 언행이야말로 군자의 문틀이다. 문틀에서 시작하는 것이 영화와 치욕의 주인이다. 언행으로 군자는 천지를 감동하게 하니 신중하지 않을 수 있는가.(君子居其室, 出其言善, 則千里之外應之, 況其邇者乎? 居其室, 出其言不善, 則千里之外違之, 況其邇者乎? 言出乎身, 加乎民, 行發乎邇, 見乎遠, 言行, 君子之樞機. 樞機之發, 榮辱之主也, 言行, 君子之所以動天地也, 可不愼乎?)"

2 『노자』 6장: "골짜기의 신[谷神]은 죽지 않으리니, 이를 일러 현빈(玄牝)이라 한다. 현빈의 문(門), 이를 일러 천지의 뿌리라고 한다. 끊이지 않고 이어져 온 것 같아, 써도 써도 지칠 줄 모른다.(谷神不死. 是謂玄牝. 玄牝之門, 是謂天地根. 綿綿若存, 用之不勤.)"

3 『노자』 28장: "천하의 골짜기가 되면 영구불변의 덕(德)이 떠나지 않아 천진한 어린이로 돌아가는구나. …… 천하의 골짜기가 되면 영구불변의 덕으로 충만하여 소박한 통나무 상태로 돌아가는구나. 통나무가 잘리고 쪼개져 흩어지면 그릇이 되는 것이니, 성인은 그것을 이용하여 모든 관직의 우두머리가 되는구나. 그런고로 큰 정치는 쪼개지 않는다.(爲天下谿, 常德不離, 復歸于兒. …… 爲天下谷, 常德乃足, 復歸于樸. 樸散則爲器, 聖人用之, 則爲官長. 故大制不割.)"

4 『노자』 3장: "是以聖人之治, 虛其心, 實其腹, 弱其志, 强其骨. 常使民無知無欲, 使夫知者不敢爲也."

◈ 고문자 설명

갑골문	소전	골 곡

谷은 소전의 필획이 곡선으로 표현된 것을 제외하면, 갑골문부터 해서까지 모두 동일한 구조를 가지고 있다. 글자의 아래에 있는 '口(구)'는 사람의 입이 아니라 골짜기의 입구를 그린 것이고, 윗부분은 물이 흘러나오는 모습을 표현한 것이다. 즉, 산과 산 사이에서 물이 처음 흘러나오는 깊은 골짜기를 뜻한다.

갑골문	소전	소리 성

聲의 갑골문은 모두 네 부분으로 구성되었다. 가운데 있는 '耳(이)'는 듣는다는 뜻이고, 아래의 '口(구)'는 노래하는 사람의 입이다. 왼쪽 윗부분은 고대의 타악기인 편경(扁磬)의 모양 같고, 오른쪽은 손에 악기를 두드리는 채를 들고 있는 모습이다. 이것을 종합하면, 악기 소리와 노래 소리를 귀로 듣는다는 의미이다. 이로부터 귀로 들을 수 있는 모든 소리를 의미하는 글자가 되었다.

虛의 소전은 발음성분인 '虍(호)'의 아래에 언덕을 뜻하는 '丘(구)'자가 있는 형태다. 『설문』에서는 이 글자의 본래 의미를 '큰 언덕'으로 풀이했다. 丘의 갑골문은 ⋀⋀형태로 쓰는데, 언덕 두 개가 높이 솟은 모양이다. 그 땅이 넓기 때문에 '크다, 넓다, 비다' 등의 뜻을 나타내는 글자가 되었다.

習의 갑골문은 날개를 뜻하는 '羽(우)'와 태양을 뜻하는 '日(일)'로 구성되었다. 『설문』에서는 새가 자주 날갯짓을 한다는 뜻이라고 풀이했는데, 즉 날기를 연습하는 것이다. 여기에서 반복하여 '익힌다, 학습하다' 등의 의미가 생겨났다. 그런데 소전에서 日이 '自(자)'의 생략형으로 잘못 변했고, 해서에서 다시 흰 색을 의미하는 '白(백)'으로 잘못 변해서, 본래 의미를 이해하기 어렵게 되었다.

内蒙傅費 虚堂習聽

제29강

禍因惡積 福緣善慶
화인악적 복연선경

화와 복은 누가 짓는가

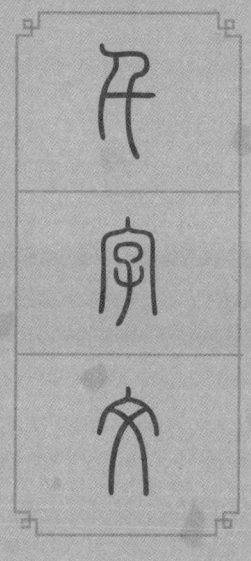

> 화는 악행이 쌓임으로 인한 것이고
> 복은 선행과 경사스러운 일에서 연유한 것이다.

'禍화'와 '福복'은 신神으로부터 온다. 이 글자들을 구성하는 '示시'자가 그것을 보여준다. 禍, 福, 神자에 모두 보이는 示는 제단의 모습을 본뜬 글자로, 여기에는 제사를 올리는 사람의 기원, 희망 등이 담겨있다.

이 구절에 나오는 '因인'과 '緣연'자의 의미를 살펴보면 '따르다', '의지하다' 등의 뜻을 가진다. 그래서 禍가 '惡악'의 결과이고 福이 '善선'의 결과인 듯 해석된다. 그러나 '因'과 '緣'으로 만든 단어 '인연'을 생각해보라. 인연, 우연, 운명 등이 나의 의지와 상관없는 것처럼, 화와 복도 내 소망과 반드시 일치하지는 않는다. 우리는 살면서 경험으로 안다. 화와 복이 반드시 선악과 인과 관계를 가지지 않는다는 것을. 화와 복은 나의 의지와 실천으로만 결정되는 것이 아니고 또한 지속적인 것도 아니다.

대표적인 예가 『회남자淮南子』에 나오는 '새옹지마塞翁之馬' 이야기다.[1] 변방에 한 노인이 살았다. 그 노인은 기술이 대단히 뛰어나 말을 소유할 정도로 잘 살았다. 그런데 어느 날 그 집 말이 갑자기 북쪽 오랑캐 땅으로 도망가 버렸다. 사람들은 안타까워했지만, 그 노인은 그 일이 다시 복이 되지 않겠느냐고 답했다. 과연 몇 달이 지나서 그 말이 오랑캐의 멋진 말을 데리고 돌아왔다. 사람들은 모두 다시 그 일을 축하했으나, 그 노인은 그 일이 다시 화가 될 수도 있지 않겠느냐고 답했다. 집도 부유하고 훌륭한 말도 소유했으므로 그 집 아들은 말을 잘 탔다. 그러다 그만 아들이 말에서 떨어져 넓적다리가 부러졌다. 사람들은 걱정했지만, 이번에도 그 노인은 그 일이 언젠가 복이 되지는 않겠느냐고 대답했다. 과연 일 년이 지나 전쟁이 터졌고, 변방의 장정은 모두 전쟁터로 끌려가 열 중 아홉은 살아 돌아오지 못했다. 하지만 이 노인의 아들만은 다리를 절어 부역을 면제받았기 때문에 무사할 수 있었다. 이 이야기에는 복이 화가 되고, 화가 다시 복이 되는 과정이 담겨있다. 여기에는 화와 복을 당하는 자신이 어찌 할 수 없는 여러 가지 인연과 계기가 작동한다.

'새옹지마'의 이야기를 생각하다 보면, 우리가 굳이 선행을 하려고 노력할 필요가 있을까 싶다. 모든 일은 스스로 선택할 수 없는 인연과 운명으로 결정되는데 말이다. 이런 부정적인 운명론의 그늘이 고대로부터 지금까지 면면히 이어져 왔다.

그러나 여전히 선악과 화복을 연관 지어 설명하는 윤리학은 동서를 불문하고 뿌리가 깊다. 『맹자孟子』에서는 "화와 복은 모두 스스로 만들지 않는 것이 없다."[2]라고 하며, 화와 복은 자신에 의해 좌지우지된다고 주장했다. 나의 선행과 악행으로 반드시 복을 받거나 화가 쌓이지는 않으며, 아무리 악행을 저지르는 사람도 반드시 화를 당하는 것 같지 않은 주변을 살펴보면 이 주장은 매우 의심스럽다.

하지만 이런 경우는 어떤가. 단 한 번의 선행 혹은 단 한 번의 악행이 아니라, 악행인 줄 알면서도 지속해서 악을 저지르거나 혹은 보답받지 못해도 계속해서 선행을 실행한다면 어떨까. 한두 번의 선행과 악행으로 화복이 결정되지는 않지만, 오랜 시간 반복하는 것은 다르다. 그러니 지속적인 노력의 결과는 반드시 있다고 말할 수 있다.

삶이 수없이 많은 우연과 인연의 조합이라 해서 우리가 선행을 포기할 이유는 없다. 『주역』에서 선을 많이 쌓은 집안에는 반드시 복이 있을 것이라고 했는데[3], 오랜 시간 반복하면 그것이 필연이 될지도 모르니까.

【주석】

1 『회남자·인간훈(人間訓)』: "무릇 禍(화)와 福(복)은 바뀌어 서로 생겨나는 것이라 그 변화를 알기가 어렵다. 변방에 가까이 살던 사람 중에 기술이 뛰어난 집안이 있었다. 그 집의 말이 아무 까닭 없이 도망가서 북쪽 오랑캐 땅으로 들어가 버렸다. 사람들이 모두 그것을 애석해하자 그 아비가 말했다. '이 일이 어찌 불현듯 복이 되지는 않을까요?' 몇 달이 지나서 그 말이 오랑캐의 멋진 말을 데리고 돌아왔다. 사람들이 모두 그 일을 축하하자, 그 아비가 대답했다. '이 일이 어찌 불현듯 화가 될 수는 없는지요?' 집은 부유하고 말은 훌륭한지라 그 아들은 말 타기를 좋아하였는데, 그만 말에서 떨어져 넓적다리가 부러졌다. 사람들이 모두 애석해하자, 그 아비가 말했다. '이 일이 어찌 불현듯 복이 되지는 않을까요?' 일 년이 지나 오랑캐가 대거 쳐들어와서 변방의 장정들은 오랏줄에 끌려가서 전쟁을 치러야 했고, 변방 가까이 살던 사람 중에 죽은 이가 열에 아홉을 헤아렸다. 이 집만은 유독 다리를 절었기 때문에 아비와 아들이 모두 무사했다. 그러므로 복이 화가 되고 화가 복이 되니, 그 변화는 끝을 알 수 없고 깊이를 헤아릴 수가 없다.(夫禍福之轉而相生, 其變難見也. 近塞上之人, 有善術者. 馬無故亡而入胡, 人皆弔之. 其父曰, 此何遽不爲福乎. 居數月, 其馬將胡駿馬而歸, 人皆賀之. 其父曰, 此何遽不能爲禍乎. 家富良馬, 其子好騎, 墮而折其髀, 人皆弔之. 其父曰, 此何不遽爲福乎. 居一年, 胡人大入塞, 丁壯者引絃而戰, 近塞之人, 死者十九. 此獨以跛之, 故父子相保. 故福之爲禍, 禍之爲福, 化不可極, 深不可測也.)" 이 이야기에서 '전화위복(轉禍爲福)'이라는 성어가 생겨났다.

2 『맹자·공손추상(公孫丑上)』: "이제 나라가 잘 다스려져 편안한 때인데 그런 때에 지나치게 즐기고 태만하게 군다면, 이는 스스로 화를 구하는 것이다. 화와 복은 모두 스스로 만들지 않는 것이 없다. 『시경』에서 이렇게 노래했다. '영원토록 천명과 함께 하여 스스로 많은 복을 구하라.' 상나라 왕 태갑(太甲)이 말하였다. '하늘이 만든 재앙은 피할 수 있으나 스스로 재앙을 만들면 살 수 없다.' 이들은 모두 그것을 말한 것이다.(今國家閒暇, 及是時, 般樂怠敖, 是自求禍也. 禍福, 無不自己求之者. 詩云, 永言配命, 自求多福. 太甲曰, 天作孼猶可違, 自作孼不可活, 此之謂也.)"

3 『주역·곤괘(坤卦)·문언전(文言傳)』: "선(善)을 쌓은 집안은 반드시 많은 복을 받게 될 것이다. 불선(不善)을 쌓은 집안은 반드시 많은 화를 받게 될 것이다.(積善之家, 必有餘慶. 積不善之家, 必有餘殃.)"

◆ 고문자 설명

禍			禍
소전			재앙 화

禍의 소전과 해서는 모두 '示(시)'와 '咼(입이 비뚤어질 와)'로 구성되었다. 왼쪽의 示는 신에게 제물을 바치는 제단의 모습을 상형한 글자다. 『설문』에서는 禍를 신이 복을 주지 않아 해를 입는다는 뜻으로 풀이했다. 오른쪽의 '咼'는 발음성분이지만, 아래의 '口(구)'를 제거하면 그 모양이 '骨(뼈 골)'과 비슷하다. 살이 없는 사람의 뼈에서 불길한 기운이 느껴지는 것 같다.

因		因	因
갑골문		소전	인할 인

因의 갑골문은 정면으로 선 사람과 그가 착용하고 있는 옷을 신체의 굴곡에 따라 함께 그린 것으로 해석한다. 옷을 몸에 착용한 상태를 표현한 것인데, 소전에서는 밖을 싸고 있던 옷이 사각의 테두리처럼 넓어져서, 본래 의미를 알 수 없게 되었다. 因은 옷처럼 '몸에 붙다'라는 뜻에서, '의지하다, 따르다, 원인' 등의 의미를 나타낸다.

金文	小篆	착할 선

善의 해서는 구조를 파악하기가 어려운데, 소전을 살펴보면 그것이 '羊(양양)'과 '言(말씀 언)'으로 구성된 것임을 알 수 있다. 고대 중국에서 양은 선량하고 상서로운 동물로 여겨졌다. 그래서 '美(미)', '義(의)', '祥(상)' 등과 같이 羊으로 구성된 글자들은 대체로 좋은 의미를 가지고 있다. 금문은 羊과 '誩(말 다툴 경)'으로 구성되었다.

갑골문	소전	경사 경

『설문』에서는 이 글자를 '가서 남의 일을 축하하다[行賀人]'라고 풀이했다. 소전을 살펴보면, 맨 아래에 있는 '夂(치)'는 사람의 발을 상형한 글자로 가는 행위를 뜻하고, 중간의 '心(심)'은 축하하는 마음을 뜻한다. 나머지는 鹿(사슴 록)이 일부 생략된 형태인데, 축하할 때 가져가는 예물을 의미한다. 고대에는 경사스러운 일에 사슴 가죽을 예물로 쓰는 풍습이 있었기 때문에 이렇게 표현했다. 갑골문은 사슴의 전체 모습과 가운데 心이 있는 형태이다.

禍因惡積　福緣善慶

제30강

尺璧非寶 寸陰是競
척벽비보 촌음시경

시간이 왜 그렇게 중요한가

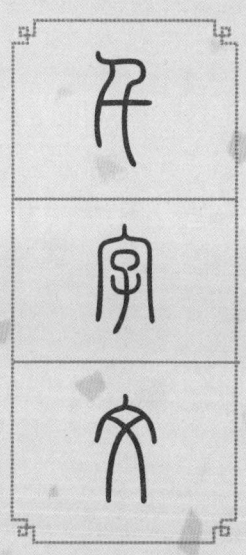

> 일척이나 되는 벽옥이 보배가 아니라
> 순간의 시간조차 다투어 아껴야한다.

尺璧척벽은 지름이 30센티미터 이상 되는 옥이다. 특히 벽옥璧玉은 특별한 의미를 지닌다.[1]

벽옥에 관한 유명한 고사는 『한비자韓非子』에 등장하는 '화씨지벽和氏之璧'에 관한 것이다. 화씨가 좋은 옥의 원석을 얻어 초楚나라 왕들에게 바쳤다. 그런데 그 돌을 보통 돌이라 생각한 초나라 왕들은 엉터리 제보를 한 사람이라며 화씨에게 죄를 내리고 두 다리를 잘랐다. 그 왕들이 죽고 그다음 왕대에 화씨가 삼일 밤낮으로 옥을 끌어안고 우니, 다리 잘린 이가 한둘이 아닌데 왜 그리 서럽게 우는지 그 연유를 물었다. 화씨는 다리가 잘려 슬픈 게 아니라, 보배를 돌이라 하고 보배를 알아보는 바른 사람을 미쳤다고 하니 서러워서 운다고 대답했다. 이에 그 옥의 원석을 가져다가 다듬었더니 천하제일의 벽옥이 되었고, 그것을 '화씨지벽'이라 이름붙였다.[2]

나중에 조趙나라가 그것을 소유했는데, 제후국 간 외교에서 성읍 15개를 맞바꿀 정도의 보물로 여겨졌고, 조나라 재상 인상여藺相如가 그 옥을 다시 찾아오면서 '완벽귀조完璧歸趙'의 성어가 만들어졌다. '완벽'이라는 말의 유래가 여기에 있다.

이렇듯 '척벽'은 세상 사람이 분명하게 인정하는 보배다. 그런데 『천자문』에서는 그것이 보배가 아니라 '寸陰촌음'이 중요하단다. 왜일까. '寸'은 약 3 센티미터 정도 되는 길이로, 사람의 손목에서 맥이 뛰는 곳까지다. '陰'은 광음光陰이라고 바꿀 수 있으며, 해그림자이다. 촌음은 해그림자가 3센티미터가 지나가는 시간으로, 잠깐 한눈팔면 사라지는 짧은 시간이다. 그게 왜 척벽보다 중요한가.

『회남자淮南子』에 이런 구절이 나온다. "성인은 한척되는 보배를 귀히 여기지 않고 일촌의 시각을 소중하게 여긴다."³ 촌음을 아끼며 살았던 대표적인 성인은 우禹임금이다. 그는 황하의 치수 사업에 온 힘을 기울이느라 집 앞을 지나면서도 그 안에 들어가질 못했다. 물길이 워낙 수시로 바뀌면서 재난을 가져오는 바람에 눈 돌릴 틈조차 없었기 때문이다.

이러한 교훈에 의하면 시간을 아끼라는 말이 무조건 빨리 서두르라는 뜻은 아니다. 우임금처럼 물을 다스리는 일은 서두른다고만 성사되는 게 아니기 때문이다. 『회남자』의 원의는 오히려 어떤 일을 시행하기에 올바른 때를 얻는 것은 어렵지만 잃는 것은 대단히 쉬우니, 늘 관찰하고 대기하면서 올바른 때를 얻으라는 말이다.

【주석】

1 『설문해자』 제1편 '玉'부: "璧(벽)은 서옥으로 둥근 것이다. 옥(玉)을 의미성분으로 하고 벽(辟)은 발음성분이다.(璧, 瑞玉圜也. 从王, 辟聲.)" 벽(璧)자에 관한 단옥재(段玉裁) 주석: "서옥이라 한 것은 옥으로 신표를 삼기 때문이다. 『이아(爾雅)·석기(釋器)』에서 테두리가 구멍보다 두 배인 것을 璧이라 한다고 하였다. 테두리가 크고 구멍이 작다. 정현(鄭玄)은 『주례(周禮)』를 주석하여 璧이 둥근 것은 하늘을 본뜬 것이라고 하였다.(瑞, 以玉爲信也. 釋器, 肉倍好謂之璧. 邊大孔小也. 鄭注周禮曰, 璧圜象天.)"

2 『한비자·화씨(和氏)』 "초(楚)나라 사람 화씨(和氏)가 옥의 원석을 초산(楚山)에서 얻어서 그것을 여왕(厲王)에게 바쳤다. 여왕이 옥인(玉人)에게 그것을 살펴보라 하니, 옥인이 '그냥 돌입니다.'라고 하였다. 왕은 화씨를 미치광이라고 여겨서 그의 왼발을 잘랐다. 여왕이 죽고 무왕(武王)이 즉위하자, 화씨는 또 그 옥을 받들고 무왕에게 바쳤다. 무왕이 옥인에게 보라 하니, 또 '그냥 돌일 뿐입니다.'라고 하였다. 무왕 또한 화씨를 미치광이라고 여기고 그의 오른발을 잘랐다. 무왕이 죽고 문왕(文王)이 즉위하자, 화씨는 그 옥의 원석을 가슴에 품고 초산 아래에서 삼일 밤낮을 통곡하기를 눈물이 마르고 피가 이어져 흐를 정도였다. 왕이 그 소식을 듣고 사람을 시켜 까닭을 물었다. '천하에 발이 잘리는 월형을 당한 사람이 많은데 그대는 유독 어찌 그렇게 슬프게 우는가?' 화씨가 대답했다. '저는 월형당한 것이 슬픈 게 아닙니다. 보배로운 옥을 돌이라고 하고 바른 사람을 미치광이라고 하는 것이 슬퍼서입니다. 그것이 제가 비통해하는 이유입니다.' 그때서야 왕이 비로소 옥인을 시켜 그 원석을 다듬게 했더니 과연 그것에서 보배를 얻게 되었다. 그래서 마침내 그 옥을 '화씨지벽(和氏之璧)'이라고 명명하였다.(楚人和氏, 得玉璞楚山中, 奉而獻之厲王. 厲王使玉人相之, 玉人曰, 石也. 王以和爲誑, 而刖其左足. 及厲王薨, 武王即位, 和又奉其璞, 而獻之武王. 武王使玉人相之, 又曰, 石也. 王又以和爲誑, 而刖其右足. 武王薨, 文王即位, 和乃

抱其璞, 而哭於楚山之下, 三日三夜, 淚盡而繼之以血. 王聞之, 使人問其故, 曰, 天下之刖者, 多矣, 子奚哭之悲也. 和曰, 吾非悲刖也. 悲夫寶玉而題之以石, 貞士而名之以誑. 此吾所以悲也. 王乃使玉人理其璞, 而得寶焉. 遂命曰, 和氏之璧.)"

3 『회남자·원도훈(原道訓)』: "보다 앞서면 너무 지나치고 보다 뒤쳐지면 미치지 못한다. 무릇 태양은 회전하고 달은 주변을 도니 사계절은 사람과 더불어 유유자적하지 않는다. 그러므로 성인은 일척이 되는 벽(璧)을 귀히 여기지 않고 일촌이라도 시간을 중시한다. 때는 얻기 어렵고 잃기 쉽기 때문이나. 우(禹)임금이 때를 찾아가며 일할 때에는 신발이 벗겨져도 찾지 않았고 머리에 쓰는 관이 덜렁거려도 돌아보지 않았으니, 먼저 하려고 다툰 것이 아니라 제 때를 얻는 것을 다툰 것이다.(先之則大過, 後之則不逮. 夫日回而月周, 時不與人游. 故聖人不貴尺之璧而重寸之陰. 時難得而易失也. 禹之趨時也, 履遺而弗取, 冠挂而弗顧, 非爭其先也而爭其得時也.)"

◈ 고문자 설명

갑골문	소전	아닐 비

『설문』에서는 이 글자를 '서로 어긋나다[違]'라는 뜻으로 풀이하면서, 새가 날 때 양 날개가 서로 다른 방향으로 펼쳐지는 모습에서 의미를 취했다고 하였다. 그러나 갑골문을 보면 이 글자는 새가 아니라 사람이 서로 등지고 있는 모습을 그린 것이다. 서로 등졌다는 의미에서 '틀리다, 옳지 않다'는 의미가 생겨났고, '~가 아니다'라는 부정사로 가차되었다.

갑골문	소전	보배 보

寶의 갑골문은 '집 안[宀]'에 '옥(玉)'과 '조개[貝]'가 있는 모습이다. 조개는 옛날에 화폐로 사용된 물건이고, 옥도 역시 값비싼 보석이다. 따라서 寶는 옥이나 조개와 같이 집안에 잘 보관하고 있는 값비싼 물건을 뜻한다. 소전에서 발음을 나타내는 '缶(부)'가 첨가되어 해서까지 이어졌다.

『설문』에서는 이 글자를 分(분)의 10배 정도 되는 길이라고 풀이하고, 손바닥에서 손목으로 一寸(일촌) 쯤 내려와 맥이 뛰는 지점을 '寸口(촌구)'라고 말한다고 했다. 손을 표현한 '又(우)'자 아래에 가로획의 부호를 더해서 손목의 한 지점을 표시한 것인데, 지금의 단위로 1촌은 약 3.3cm다. 그러나 예서 이후로 획이 직선으로 변해서 손의 모양을 알아볼 수 없게 되었다.

是의 소전은 '태양'을 뜻하는 '日(일)'과 '옳다'는 의미의 '正(정)'으로 구성되었다. 『설문』에서는 '곧다'는 뜻으로 풀이했다. 그러나 금문은 소전과 달리 하나의 상형자처럼 보이는데, 무엇을 상형한 것인지는 의견이 분분하다. 열쇠를 상형한 것이라고도 하고, 화살을 쏘아 정곡에 맞춘 모양의 글자라고도 하며, 혹은 곤충류를 상형한 글자라고도 한다.

尺壁未寶 寸陰是競

제31강

資父事君 曰嚴與敬
자부사군 왈엄여경

아버지를 기준으로

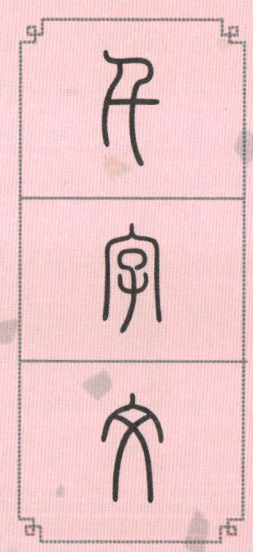

> 아버지를 섬기는 것에 기대어 군주를 섬겨야 하니
> 그것을 엄숙함과 공경함이라고 말한다.

이 장은 세상에 나가 군주를 섬기는 일이 집 안에서 아버지를 섬기는 것에 바탕을 두고 있으며, 그때의 태도는 곧 엄숙함과 공경함이어야 한다는 내용을 담고 있다.

『효경孝經』에 "아버지를 섬기는 것에 기대어 어머니를 섬기니, 사랑함이 같다. 아버지를 섬기는 것에 기대어 군주를 섬기니, 공경함이 같다."[1]라는 구절이 있다. 『천자문』이 이전의 문헌을 인용한 경우가 많은 점을 고려할 때, '資父事君자부사군'은 『효경』의 이 문장을 염두에 두고 한 말로 이해해야 한다. 그래서 '資父'에 '아버지를 봉양하다'라는 사전적 의미가 있음에도 불구하고, 이 구절은 전통적으로 '아버지를 섬기는 것에 기대어'라고 해석해 왔다. 즉 아버시를 섬기는 마음과 방식을 확장시켜서 군주를 모신다는 뜻이다.

『효경』에서는 군주를 섬기는 일이나 어머니를 섬기는 일이나 그 기준이 모두 아버지를 섬기는 것에서 시작된다고 했다. 아버지는 혈육으로는 어머니만큼 가깝고, 집 안에서는 군주처럼 가장 높은 위치에 있기 때문일 것이다.

'父'자의 옛 자형은 손에 무언가를 들고 있는 모습이다. 손에 든 것이 해서에서는 삐침획으로 변했고, 손을 표현한 글자도 분절되어 지금의 형태가 되었다.

갑골문　　　　금문　　　　소전

이 글자를 두고 어떤 사람은 손에 지팡이를 들고 있는 것이라고 말하고, 어떤 사람은 도끼를 들고 있는 것이라고 말하는데, 그것이 무엇이든 아버지가 가정 내에서 가지는 권위, 즉 판결하고 결정하고 지시하는 권위를 상징하는 물건으로 추측할 수 있다. 허신은 『설문해자』에서 "아버지는 집안의 어른으로서, 이끌고 가르치는 사람이다."[2]라고 풀이했다.

그러나 아버지라고 해서 혹은 군주라고 해서 모두 엄숙하고 공경하는 태도로 대할 수 있는가. 역사를 통해 우리는 그렇게 대할 수 없는 군주나 아버지도 많다는 사실을 이미 알고 있다. 그래서 공자는 거기에 "군주는 군주다워야 하고 신하는 신하다워야 하며, 아버지는 아버지다워야 하고 아들은 아들다워야 한다."³는 조건을 더했다. 이 말은 정치를 어떻게 해야 하느냐는 질문에 대한 대답이었지만, 어떤 지위에 있다는 것은 그 지위에 합당한 행위를 수반해야 한다는 생각을 보여 준다고 할 수 있다.

여기에서 한 걸음 더 나아가 맹자는 군주라고 해도 그 지위에 걸맞은 행위를 하지 않으면 군주라고 인정할 수 없다고 말했다. 맹자가 제齊 나라 선왕宣王을 만났을 때, 선왕은 주周 나라 무왕武王이 상商나라 주왕紂王을 정벌한 일을 두고, "신하가 그 군주를 죽이는 것이 옳습니까?"라고 물었다.⁴ 그러자 맹자는 다음과 같이 대답했다. "인仁을 해치는 것을 적賊이라고 말하고, 의義를 해치는 것을 잔殘이라고 하며, 인을 해치고 의를 해치는 사람을 한 사내라고 말합니다. 한 사내 주紂를 죽였다는 말은 들었지만, 군주를 죽였다는 말은 듣지 못했습니다."⁵

이것은 상나라의 주왕이 군주의 지위에 있기는 했지만, 그의 행위가 의롭거나 어질지 않았기 때문에, 그를 군주로 인정할 수 없다는 뜻이다. 그러니 맹자가 볼 때 주왕을 죽인 것은 왕을 죽이는 참람한 짓이 아니라, 불의한 한 사내를 처벌했을 뿐인 셈이다.

군주나 아버지의 권위만으로 엄숙함과 공경하는 태도를 요구하는 것은 예나 지금이나 모두 옳지 않다. 시간의 흐름에 따라 자신이 위치하게 되는 곳에서, 그 자리에 합당한 태도와 행위를 보이는 것이 중요하다.

【주석】

1 『효경·사(士)』: "아버지를 섬기는 것에 의지하여 어머니를 섬기니, 사랑함이 같다. 아버지를 섬기는 것에 의지하여 군주를 섬기니, 공경함이 같다. 그러므로 어머니는 사랑을 취하고, 군주는 공경함을 취하는데, 그것을 겸하는 사람이 아버지이다. 그러므로 효로 군주를 섬기면 충성되고, 공경함으로 연장자를 섬기면 거스르지 않는다.(資於事父以事母, 而愛同. 資於事父以事君, 而敬同. 故母取其愛, 而君取其敬, 兼之者父也。 故以孝事君則忠, 以敬事長則順.)"
2 『설문해자』 제3편 '又'부: "父, 矩也. 家長率教者."
3 『논어·안연(顔淵)』: "제(齊)나라 경공(景公)이 공자에게 정치를 물었다. 공자가 '군주는 군주다워야 하고 신하는 신하다워야 하며, 아버지는 아버지다워야 하고 아들은 아들다워야 한다'라고 답했다.(齊景公問政於孔子. 孔子對曰, 君君, 臣臣, 父父, 子子.)"
4 『맹자·양혜왕하(梁惠王下)』: "제나라 선왕(宣王)이 물었다. '탕(湯)이 걸(桀)을 내쫓고, 무왕(武王)이 주왕(紂王)을 정벌했다고 하는데 그런 일이 있습니까?' 맹자가 대답했다. '옛 책에 있습니다.' 제나라 선왕이 '신하가 그 군주를 죽이는 것이 옳습니까?'라고 물었다.(齊宣王問曰, 湯放桀, 武王伐紂, 有諸? 孟子對曰, 於傳有之. 曰, 臣弑其君可乎?)"
5 『맹자·양혜왕하』: "賊仁者謂之賊, 賊義者謂之殘, 殘賊之人謂之一夫. 聞誅一夫紂矣, 未聞弑君也."

◈ 고문자 설명

貣			資
소전			바탕 자

資는 발음을 나타내는 '次(차)'와 의미를 나타내는 '貝(패)'로 구성된 형성자이다. 貝는 본래 조개껍질을 상형한 글자다. 고대에는 이것을 화폐로 썼기 때문에, 돈과 관련된 글자 중에는 貝로 구성된 것들이 많다. 따라서 資의 첫 번째 의미도 '자본'이었을 것이다. 거기에서 '바탕', '근간'의 의미가 파생되었다고 볼 수 있다.

갑골문	소전	일 사

事는 갑골문에서 장식이 달린 붓을 한 손으로 잡고 있는 모습이다. 손에 붓을 들고 역사나 사건을 기록하는 일, 또는 그 일을 하는 사람을 표현했다. 이 글자는 이후에 역사를 의미하는 '史(사)'와 그 일을 담당하는 사람인 '吏(리)', 그 행위를 의미하는 '事' 세 글자로 분화되었다.

| 갑골문 | 소전 | 임금 군 |

君은 다스린다는 의미의 '尹(윤)'과 사람의 입을 의미하는 'ㅁ(구)'로 구성되었다. 입으로 명령하여 다스리는 위치에 있는 사람을 표현한 것이다. 본래는 왕 아래의 신하 중 관직이 높은 사람을 의미했는데, 나중에는 '臣(신하 신)'과 대비되는 군주를 의미하는 글자가 되었다.

| 금문 | 소전 | 줄 여 |

與의 금문은 위아래로 두 쌍의 손이 있고, 가운데 발음을 나타내는 '牙(아)'가 있으며, 그 아래에 입을 의미하는 'ㅁ(구)'가 있는 형태다. 두 사람이 말을 하며 손으로 물건을 주고 받는 행위를 표현한 것으로, '주다'라는 뜻이 본래 의미다. 소전으로 변하면서 ㅁ가 생략되었고, 牙도 '与'의 자형으로 잘못 변화되었다. 주고 받는 것은 상대가 있는 행위이므로 이로부터 '함께 하다'라는 의미도 나타냈다.

韓非與李斯　君子之說

제32강

孝當竭力 忠則盡命
효당갈력 충즉진명

효도 충도 최선을 다해서

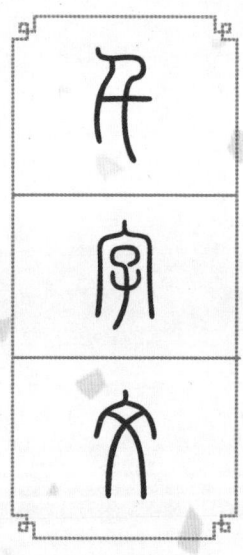

> 효도는 마땅히 힘을 다해야 하고
> 충성한다면 곧 목숨을 바칠 정도여야 한다.

이 강에서는 부모에게 효를 행하고 군주에게 충성을 바칠 때 요구되는 태도와 마음가짐을 이야기하고 있다. 효孝와 충忠이 종종 함께 나오는 이유는 부모에 대한 효에서 출발해 군주에 대한 충에 이른다는 고대인의 생각 때문인 것 같다.

효는 내 존재의 근원이 되는 부모에게 행동으로 보여주는 마음이다. 효를 행하는 자식의 마음은 기본적으로 즐겁고 뿌듯하다. 하지만 여건이 어렵고 상황이 여의치 않을 때도 있는 법이니, 그런 때에라도 힘을 내서 효를 행해야 한다고 말한 것이리라.

효에 대해 생각할 때면 늘 공자의 제자 가운데 효성으로 유명했던 증참曾參의 이야기가 떠오른다. 어느 날 증참이 오이밭을 갈다가 실수로 그만 오이 뿌리를 벤 일이 있었다. 증참의 아버지는 이 일로 크게 화를 내며 증참을 심하게 매질했고, 이때문에 증참은 한참 동안 정신을 잃었었다. 그런데도 증참은 오히려 아버지의 마음이 좋지 않을까 걱정하여 방으로 돌아가 거문고를 켰다고 한다. 자신이 괜찮다는 것을 알려 아버지의 마음을 편하게 해드리고 싶었기 때문이다. 사람들은 증참의 효성이 이 정도로 지극하다고 칭찬했지만, 공자는 크게 화를 내며 순舜 임금의 이야기를 들어 증참의 행동을 나무랐다.

"순임금은 아버지를 섬길 때, 아버지가 심부름시키고자 하시면 곁에 있지 않은 적이 없다. 그러나 아버지가 찾아내 죽이려 할 때는 일찍이 순임금을 찾아 죽일 수 없었다. 작은 회초리를 들고 오시면 그 벌을 받을 때까지 기다렸지만, 큰 몽둥이를 들고 오시면 달아나 멀리 도망갔다. 그래서 아버지는 아버지로서 하지 말아야 할 죄를 범하지 않았고, 순임금도 지극한 효성을 잃지 않았다. 그런데 증참은 아버지를 섬김에 몸을 내버려두어 폭력과 분노를 기다렸고, 쓰러지면서도 피하지 않았다. 만약 그가 죽어서 아버지를 불의에 빠뜨렸다면, 그 불효가 얼마나 크겠는가?"[1]

공자가 생각하는 효는 부모님의 말씀이라면 그것이 무엇이

든 무조건 순종하는 기계적인 반응이 아니다. 그보다는 오히려 부모님이 불의를 행함으로써 인간의 도리를 저버리는 결과를 초래하지 않도록 현명함을 발휘해 대응하는 것이다. 그래서 작은 회초리를 들고 오시면 매를 맞고, 죽이려 들면 도망친 순임금을 칭찬했다. 궁극적인 효의 도리가 무엇인지 깊이 생각해 볼 대목이다.

효가 집안에서 자식이 지켜야 하는 덕목이라면, 충은 국가와 사회 조직에 속한 사람에게 요구되는 덕목인데, 『천자문』의 이 구절에서는 그 수준이 목숨을 바칠 정도여야 한다고 말한다. 재미있게도 忠자는 가운데를 뜻하는 中중과 마음을 뜻하는 心심이 상하 구조로 결합되면 충성을 의미하지만, 좌우로 배치되어 忡충이 되면 근심한다는 뜻의 글자가 된다. 충성은 중심에 두어야 하는 마음이고, 근심은 저도 모르게 마음 가운데 늘 있는 것이라고 생각한 걸까. 忡에서 어찌할 수 없는 연약한 마음이 느껴진다면, 忠에서는 강인한 의지가 느껴진다. 어쩌면 충성은 이렇게 의지를 동원해 중심에 놓기로 결심한 마음인지도 모른다.

위태로운 시기에 목숨을 바쳐 나라에 충성한 사람들이 있었기 때문에 지금의 우리가 이 나라와 이 시대를 누리고 있다는 것을 잘 안다. 이것을 생각하면 천하보다 귀한 목숨이지만, 그것을 잃더라도 지켜내야 하는 가치가 분명 존재한다. 그러나 진정한 의미의 효가 기계적인 반응이 아니듯, 오늘날 일상을 살아가는 우리에게 요구되는 충성의 내용도 점검해 볼 필요가 있을 것 같다.

갑골문   금문   소전

'命'의 갑골문과 금문은 꿇어앉은 사람 위에 입이 아래로 향하고 있는 모습이다. 본래 '명령'이라는 의미의 令령과 같은 글자였는데, 소전에서 '口구'를 추가하여 令과 命으로 구분했다. 그리고 사람의 생사화복生死禍福이 모두 하늘의 뜻에 달려 있다는 생각에서, 운명運命·천명天命·생명生命 등의 의미로 확대되었다.[2]

그렇다면 『천자문』의 이 구절에 나오는 命을 본래의 의미인 명령으로 번역하면 어떨까! 즉 앞 구절의 '힘을 다하다'와 대비시켜, 충성하려면 명령을 완수하기 위해 최선을 다한다는 의미로 해석하는 것이다. 한 개인이 사회적으로 부여 받은 역할과 소명을 온전히 감당하기 위해 최선을 다하는 행위, 이렇게 이해하면 좀 더 가벼운 마음으로 충성을 말할 수 있을 것 같다.

【주석】

1 『공자가어(孔子家語)·육본(六本)』: "舜之事瞽瞍, 欲使之, 未嘗不在於側. 索而殺之, 未嘗可得. 小棰則待過, 大杖則逃走, 故瞽瞍不犯不父之罪, 而舜不失烝烝之孝. 今參事父, 委身以待暴怒, 殪而不避, 旣身死而陷父於不義, 其不孝孰大焉."

2 『논어·안연(顔淵)』: "생사는 운명에 달려있고, 부귀는 하늘에 달려 있다.(死生有命, 富貴在天.)"

◈ 고문자 설명

금문		소전		효도 효

孝는 금문에서 머리칼이 길고 손에 지팡이를 잡고 있는 노인을 상형한 '老(로)'자 아래에 아들을 의미하는 '子(자)'가 있는 형태다. 아들이 노인을 부축하는 듯한 모습을 그려서 효의 개념을 구체적으로 드러냈다. 현재는 老자의 아래 부분을 생략한 형태로 쓴다.

갑골문		소전		힘 력

力의 갑골문은 쟁기와 비슷한 농기구를 상형한 글자다. 윗부분은 손잡이처럼 보이고, 왼쪽으로 비스듬히 구부러진 부분은 흙을 파내는 장치로 보인다. 세로로 짧게 그린 것은 발을 디디는 부분인 것 같다. 이 기구를 사용하여 농사를 지으려면 반드시 사람의 힘이 더해져야 하므로, '힘'을 의미하는 글자가 되었다. '男(사내 남)'자는 밭에서 이 기구를 사용하는 사람이라는 뜻에서 '田(전)'과 '力'으로 구성되었다.

금문	소전	마땅할 당

當은 윗부분의 '尙(상)'이 발음성분이고 아랫부분의 '田(전)'이 의미성분인 형성자다. 『설문』에서는 밭이 서로 마주하고 있는 상태를 표현한 글자라고 했다. 거기로부터 '마주 대하다', '맞수가 되다', '마땅하다' 등의 의미로 확장되었다. 금문은 田이 아니라 흙을 의미하는 '土(토)'로 구성되었다.

갑골문	소전	다할 진

盡의 해서 자형은 이 글자가 어째서 '다하다', '끝나다'의 의미인지 알려주지 못한다. 그러나 갑골문이 그릇 안에 손으로 솔을 쥐고 있는 모양으로 표현된 것을 보면, 빈 그릇을 깨끗이 닦는다는 의미이다. 그릇을 닦는다는 것은 이미 음식을 다 먹었다는 뜻이므로, 이것으로 '다하다'라는 의미를 나타냈다.

身當場死 患斯盡命

제33강

臨深履薄 夙興溫凊
임심리박 숙흥온정

신중하고 세심하게

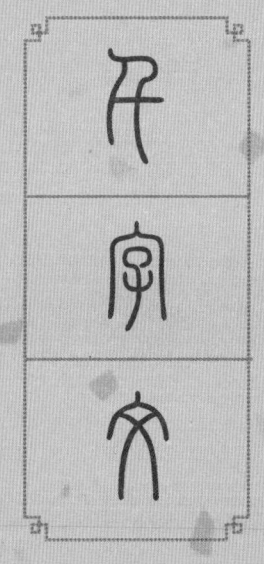

> 깊은 못에 임하듯 얇은 얼음을 밟듯 행동하고
> 일찍 일어나 여름에는 서늘하게 겨울에는 따뜻하게 모신다.

이 강의 앞 구절은 세상에 나가 조심스럽게 행동해야 한다는 이야기이고, 뒤 구절은 집안에서 부모를 모실 때 겨울에는 몸을 따뜻하게 해드리고 여름에는 시원하게 해드려야 한다는 내용이다. 그래서 단독으로 이해하기 보다는 바로 앞의 "孝當竭力효당갈력 忠則盡命충즉진명"과 연결된 내용으로 이해하는 것이 좋다. 즉, 효와 충을 행하는 것에 관한 일종의 부연 설명이라 할 수 있다.

『예기禮記·곡례曲禮』에 이 구절과 관련된 문장이 나온다. "자식 된 자의 도리는 겨울에는 따뜻하게 해드리고, 여름에는 서늘하게 해드리며, 저녁에는 이부자리를 깔아드리고, 새벽에는 안부를 살피며, 동료들과 다투지 않는 것이다."[1] 아침저녁으로 살피고, 계절에 따라 달리 대처하며 부모님을 편안하게 모시는 것이 자식의 도리, 즉 효라는 설명이다. 제32강에서는 부모가 한 개인으로서 인륜을 저버리는 불의를 행하지 않도록 하는 것이 자식이 행해야 하는 궁극적인 효라고 말했다. 그것이 효의 정신과 지향이라면, 부모님의 일상생활을 부지런히 살펴 도움을 주는 행동은 구체적인 효의 방법이라고 할 수 있다.

앞의 네 글자는 『시경詩經·소민小旻』[2]에 나오는 시 구절이다. "깊은 연못에 다다른 듯하고, 얇은 얼음을 밟고 있는 듯하다[如臨深淵, 如履薄冰]"라는 두 구절을 줄인 것인데, 이런 장소에 있는 상상만으로도 커다란 위기감이 느껴진다. 그런데 이 시는 전체적으로 이처럼 위태로운 상황을 만든 위정자들의 불합리한 행태를 고발하는 내용이다. 「소민」 시의 일부를 읽어 보자.

여럿이 모여 모의하고 또 서로 욕하니 ……
좋은 계획은 모두 버리고, 좋지 않은 계획은 모두 따르네 ……
말하는 사람들 뜰에 가득하지만,
누가 그 잘못을 책임질 것인가?
길을 가보지도 않고 갈 곳을 의논하는 것 같아서 ……
슬프다, 정책을 정함에 …… 위대한 도를 법도로 삼지도 않고
오직 경박한 발난 듣고, 경박한 말로 다투고 있네.

집을 지으려는 사람이 길 가는 사람과 의논하는 것 같으니,
이것이 끝내 잘 되지 못하는 이유라네.

시인은 계획을 세우고 정책을 만드는 사람들이 의논한다고 모여서는, 좋은 계획은 제쳐두고 좋지 않은 계획을 선택한다고 지적했다. 위대한 도에 따라 결정하지 않고 경박한 말을 따르며, 집을 짓는 것 같은 중요한 일을 길 가다 만난 사람과 의논하듯 경솔히 결정하는 행위를 꼬집었다. 또 말하는 사람은 많지만, 책임지는 사람이 없는 그런 현실도 비판했다. 2,500년 전에 지어졌다는 것이 믿기지 않을 정도로, 오늘날에도 어렵지 않게 목격할 수 있는 현실이다. 그것이 왕과 신하이든 대통령과 국회의원이든, 위정자들이 원칙을 지키며 현명한 조치를 취하지 않는다면, 일반 백성의 삶은 불안할 수밖에 없는 법이다.

이 시의 다음 구절에서는 이런 불안정한 상황에서 각 개인은 어떠해야 하는지를 이야기한다.

나라는 비록 안정되지 못하지만,
어떤 이는 뛰어나고 어떤 이는 그렇지 않으며,

백성이 비록 많지 않지만,
어떤 이는 현명하고 어떤 이는 꾀가 있으며,
어떤 이는 신중하고 어떤 이는 잘 다스리네.
저 흐르는 샘물처럼 다 같이 패망하지 않기를 ……
두려워하듯 조심하기를 깊은 못에 임한 듯하고,
얇은 얼음판 밟고 가듯 해야 하네.

나라의 정치가 불안하다고 해서 모두가 그 소용돌이에 빠져 같이 패망으로 향하지는 않는다. 누군가는 현명하고 신중하게 자기의 삶을 잘 다스려 나간다. 그러니 혼란한 시대를 탓하며 절망에 빠지지 말고, 깊은 못 앞에 선 듯한 두려운 마음을 가지고 얇은 얼음판을 밟고 서있는 것처럼 매우 조심하는 태도로 자신의 삶을 잘 살아내라고, 어려운 세월을 살아낸 옛사람들이 오늘의 우리에게 이렇게 가르치고 있다.

【주석】
1 『예기·곡례』: "凡爲人子之禮, 冬溫而夏淸, 昏定而晨省, 在醜夷不爭."
2 『시경·소아·소민』:
  높은 하늘은 사나운 위엄을 온 땅에 펴시었네.
  정치를 꾀하는 품이 간사하니 어느 때에 이것이 그치겠는가.
  좋은 계획은 따르지 않고 나쁜 계획만 반대로 쓰니,
  계획하는 일만 보아도 또한 병폐가 크다네.
  旻天疾威, 敷于下土. 謀猶回遹, 何日斯沮. 謀臧不從, 不臧覆用.
  我視謀猶, 亦孔之邛.

여럿이 모여 모의하고 서로 욕하니
또한 너무나 가엾은 일이네.
좋은 계획은 모두 버리고 좋지 않은 계획은 모두 따르네.
계획하는 것을 보면 어떻게 하려는 건지 알 수 없네.
潝潝訿訿, 亦孔之哀. 謀之其臧, 則具是違. 謀之不臧, 則具是依.
我視謀猶, 伊于胡底.

거북점도 우리를 미워하여 우리에게 좋은 점괘 보여주지 않고
꾀하는 사람들 매우 많은데도 일은 잘 되지 않네
말하는 사람들 뜰에 가득하지만
누가 그 잘못을 책임질 것인가?
길을 가보지도 않고 갈 곳을 의논하는 것 같아서,
정도에 벗어나게 되는 것이네.
我龜既厭, 不我告猶. 謀夫孔多, 是用不集. 發言盈庭, 誰敢執其咎.
如匪行邁謀, 是用不得于道.

슬프다, 정책을 정함에 있어 옛분들을 본받지 않고
위대한 도를 법도로 삼지도 않고
오직 경박한 말만 듣고, 경박한 말로 다투고 있네
집을 지으려는 사람이 길가는 사람과 의논하는 것 같으니
이것이 끝내 잘 되지 못하는 이유라네.
哀哉爲猶, 匪先民是程, 匪大猶是經, 維邇言是聽, 維邇言是爭.
如彼築室于道謀, 是用不潰于成.

나라는 비록 안정되지 못하지만
어떤 이는 뛰어나고 어떤 이는 그렇지 않으며
백성이 비록 많지 않지만
어떤 이는 현명하고 어떤 이는 꾀가 있으며
어떤 이는 신중하고 어떤 이는 잘 다스리네.
저 흐르는 샘물처럼 다 같이 패망하지 않기를.
國雖靡止, 或聖或否. 民雖靡膴, 或哲或謀, 或肅或艾. 如彼泉流, 無淪胥以敗.

감히 맨손으로 호랑이 못잡고
감히 걸어서 황하를 못 건넘을
사람들은 그러한 것을 알지만 그밖의 것은 알지 못하네.
두려워하듯 조심하기를 깊은 못에 임한 듯하고
얇은 얼음판 밟고 가듯 해야 하네.
不敢暴虎, 不敢馮河. 人知其一, 莫知其他. 戰戰兢兢, 如臨深淵, 如履薄冰.

◆ 고문자 설명

금문	소전	임할 림

臨의 금문은 눈이 강조된 한 사람이 사물을 내려다보는 모습을 상형한 것처럼 보인다. 그렇다면 위에서 아래로 굽어본다는 뜻이 본래 의미인데, 지금은 어떤 일을 대하거나 근접하여 마주하는 행위, 또는 지위가 높은 사람이 일반 백성을 통치하는 행위 등을 나타낸다. 그래서 '臨界點(임계점)', '君臨(군림)하다' 등의 단어에 쓰인다.

갑골문	소전	신발 리

履는 尸(시)와 復(복)으로 구성된 것처럼 보이지만, 이것은 자형이 잘못 변한 결과다. 履의 갑골문은 똑바로 선 사람의 발바닥 밑에 짧은 선을 그려 '신발'이라는 의미를 잘 표현했다. 그런데 소전에서 사람을 상형한 부분이 尸로 변하고, 길을 표현한 彳(척)과 배를 뜻하는 舟(주)가 추가되면서 본래 의미를 파악할 수 없게 되었다. 그래도 이력(履歷)이라는 단어에는 신을 신고 돌아다니며 경험한다는 본래 의미가 남아 있다.

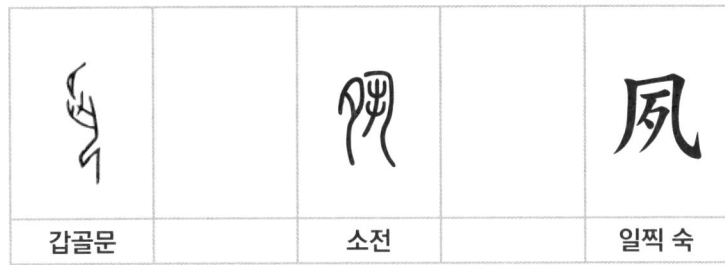

夙의 갑골문은 사람이 달을 향해 손을 들고 있는 모습을 상형하여 '경배한다'는 뜻을 표현했다. 『설문』에서도 이 글자를 이른 아침에 경배한다는 뜻으로 풀이했다. 그러나 차츰 경배한다는 의미는 약화되고, '이른 아침'을 뜻하는 글자로 사용되었다. 그리고 여기에서 더 나아가 '이전, 옛날'이라는 의미도 생겨났다.

興의 갑골문은 네 개의 손이 가마를 드는 모습을 상형한 것이다. 함께 들어 올린다는 뜻에서 '일으키다, 일어나다' 등의 의미를 나타내는 글자가 되었다. 소전에서는 가마 대신 '함께'라는 뜻의 '同(동)'이 첨가되었다. 의미 때문에 첨가된 것 같지만, 사실은 가마 아래에 입으로 구호를 외친다는 뜻에서 '口(구)'가 들어갔다가 잘못 변하여 同이 된 것이다.

제34강

似蘭斯馨 如松之盛
사란사형 여송지성

난초처럼 소나무처럼

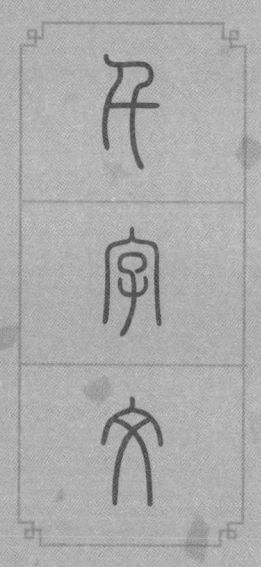

> 난초가 향기로운 것과 비슷하고
> 소나무의 무성함과 같다.

무엇이 난초의 향기와 비슷하고 소나무의 무성함 같다는 것일까.

예로부터 난초와 소나무가 군자君子를 상징하는 식물이었던 것을 생각하면, 사람의 품격이 이와 같아야 한다고 말하는 것 같다. 저 유명한 당나라의 시인 이백李白도 난초와 소나무를 칭찬하며 이런 시를 지었다.

풀이 된다면 마땅히 난초가 되고,
나무가 된다면 마땅히 소나무가 되리라.
난초 향기는 가을바람 타고 멀리까지 이르고,
소나무는 날이 추워져도 모습을 바꾸지 않으니.[1]

이백은 난초는 멀리까지 향기를 전달하기 때문에, 그리고 소나무는 추운 겨울에도 모습을 바꾸지 않고 늘 푸르기 때문에 그들을 사모한다고 노래했다. 인생의 굴곡과 어려움 속에서 의연히 늘 같은 모습으로 존재하는 것은 결코 쉬운 일이 아님을 안다. 그러니 외부의 조건과 관계없이 늘 푸른 모습을 보여주는 소나무를 보며, 사람들이 신념과 지조를 지키는 삶을 떠올린 것은 자연스럽다고 말할 수 있다. 그러나 향기 나는 풀이 난초만 있는 것도 아닌데, 유독 난초를 귀하게 여긴 것은 어째서일까?

난초는 초봄이나 가을에 꽃을 피운다. 그래서 옛날에는 음력 7월을 '난월蘭月', '난추蘭秋'라는 이름으로 부르기도 했다. 친구 사이의 깊은 우정을 비유할 때도 난초가 쓰인다. 『주역周易』에서 "두 사람이 같은 마음이면 그 날카로움이 금속을 끊을 정도이고, 같은 마음에서 나오는 말은 향기가 난초와 같다."[2]라고 했다. 여기에서 마음이 통하는 사람과의 친밀한 교제를 의미하는 '금란지교金蘭之交', '지란지교芝蘭之交'라는 성어가 나왔다. 『주역』이 중국의 오래된 문헌 중 하나임을 생각하면, 난초를 고귀하고 아름다운 식물로 생각하는 의식은 아주 이른 시기에 형성된 것으로 보인다. 그러나 난초가 군자의 상징이 된 것은 무엇보다 공자의 이야기와 관계있다.

『공자기이孔子家語』에는 끝내 뜻을 이루지 못한 공자가 노魯나라로 돌아가는 길에 숲속에 핀 무성한 난초를 보며 다음과 같이 말했다는 기록이 있다.

"군자 중에는 널리 배우고 깊이 도모해도 때를 만나지 못한 사람이 많다. 어찌 오직 나만 그렇겠는가! 또 난초는 깊은 숲속에서 자라지만 사람이 없다고 향기를 내지 않은 적이 없고, 군자는 도를 닦고 덕을 세우며 곤궁하다고 지조를 저버리지 않는다. 그것을 행하는 이는 사람이지만, 되고 안 되고는 운명인 것이다."[3]

공자가 난초를 보며 군자를 떠올린 것은, 난초가 보는 사람이 없어도 스스로 향기 내는 일을 그친 적이 없기 때문이다. 그는 세상에 나아가 좋은 정치를 실행하고 싶어서 널리 배우고 깊이 도모했지만, 결국 뜻을 이루지 못했다. 자신과 함께 왕이 되어 인(仁)으로 천하를 다스리겠다고 말하는 군주를 만나지 못한 것이다. 어쩌면 실패했다고 말할 수 있는 모습으로 그렇게 고향으로 돌아가면서도, 공자는 여전히 자신의 생각을 바꿀 마음이 없었다. 비록 때를 얻지 못했고, 행한 대로 되지 않는 운명이었어도, 도를 닦고 덕을 세우며 군자되기를 그치지 않겠노라고 다짐했다. 마치 아무도 없는 곳에서 계속 향기를 내뿜는 난초처럼 말이다.

2차 세계대전 당시 유대인 수용소에서 살아 돌아온 빅터 프랭클 박사는 우리가 삶에 무엇을 기대하는가가 중요한 것이 아니라, 삶이 우리에게 던지는 질문에 우리가 올바른 답을 내놓는 것이 중요하다고 말했다.[4] 인생에서 겪게 되는 여러 어려움은 삶이 우리에게 던지는 질문이다. 어떤 결정을 내릴 거냐고, 그리하여 너는 어떤 사람이 되겠냐고. 공자는 마음대로 되지 않는 인생 앞에서 계속 난초와 같이 향기 내는 삶을 살겠다는 답을 내놓았고, 중국 역사상 가장 훌륭한 학자이자 스승이 되었다.

【주석】

1 이백(李白)「오송산에서 남릉의 현승(縣丞) 상찬께 드리다(於五松山贈南陵常贊府)」: "爲草當作蘭, 爲木當作松. 蘭秋香風遠, 松寒不改容."
2 『주역·계사상(繫辭上)』: "二人同心 , 其利斷金. 同心之言, 其臭如蘭."
3 『공자가어·재액(在厄)』: "君子博學深謀, 而不遇時者, 衆矣. 何獨丘哉. 且芝蘭生於深林, 不以無人而不芳, 君子修道立德, 不爲窮困而敗節, 爲之者人也, 生死者命也."
4 『빅터 프랭클의 죽음의 수용소에서』, 이시형 옮김, 청아출판사, 2020.

◆ 허신許慎과 『설문해자說文解字』

허신은 자字가 숙중叔重으로, 후한後漢 시대의 학자이다. 화제和帝 영원永元 12년(100년)에 『설문해자』를 완성하였다. 그 후 아들 허충許沖이 건광建光 원년(121년)에 안제安帝에게 이 책을 바쳤다.

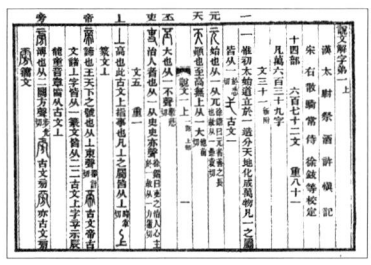

「설문해자」 서현본徐鉉本

'설문해자說文解字'는 제목이 '文을 설명하고 字를 풀어서 분석한다'는 뜻을 가지고 있는 만큼, 중국의 문자를 해설한 최초의 자전이다. 모두 15편으로 만들어졌으며, 마지막 제15편에 허신의 서문이 실려있다. 그러므로 실제 문자해설 내용은 제1편에서 제14편까지다. 허신은 총 9,353개의 문자를 540개의 부수로 나누어 배치했다. 그리고 개별 문자의 표제자는 소전小篆으로 제시하고 그 다음에 문자의 의미풀이, 구성성분 분석, 발음 제시, 경전의 인용구절과 이체異體 등을 더하여 한 문자의 풀이를 완성하였다. 지금 전해지는 가장 완전한 『설문해자』의 모습은 송宋 나라 서현徐鉉이 정리한 송판본이다.

◆ 고문자 설명

소전		같을 사

『설문』에서는 似를 의미성분 '人(인)'과 발음성분 '㠯(以, 이)'로 구성된 형성자로 분석하고, '닮았다'는 뜻으로 풀이했다. 현재는 以와 似의 발음 차이가 크지만, 고대에는 以에 似와 같은 발음도 있었다. 그래서 동서라는 의미의 '姒(사)'와 쟁기를 의미하는 '耜(耛, 사)'도 '사'로 발음한다. 흔히 사용하는 '似而非(사이비)'라는 단어는 '비슷하지만 아닌 것'을 가리킨다.

금문	소전	이 사

斯는 도끼를 의미하는 '斤(근)'이 의미성분이고 왼편의 '其(기)'가 발음성분인 형성자다. 본래 '도끼로 나무를 쪼갠다'는 뜻의 글자였는데, 차츰 본래의 의미를 잃고 가까운 것을 가리키는 지시사로 가차되었다. 그리고 본래 의미는 새로 '撕(쪼갤 시)'자를 만들어 표현했다. 한국어에서는 '斯(사)'와 '撕(시)'의 발음이 서로 다르지만, 중국음으로는 동일하다.

갑골문	소전	향기 향

香의 갑골문은 벼가 그릇에 담긴 모습을 상형한 것이며, 여러 개의 점은 벼에서 떨어지는 낱알을 표현한 것이다. 그렇다면 香은 본래 잘 지은 밥에서 느낄 수 있는 향기다. 소전에서는 禾가 '黍(기장 서)'로 바뀌고, 아랫부분의 그릇도 '甘(달 감)'으로 바뀌었지만, 여전히 곡식의 좋은 향기라는 뜻을 나타내기에 충분하다. 후에는 모든 좋은 냄새를 나타내는 글자가 되었다.

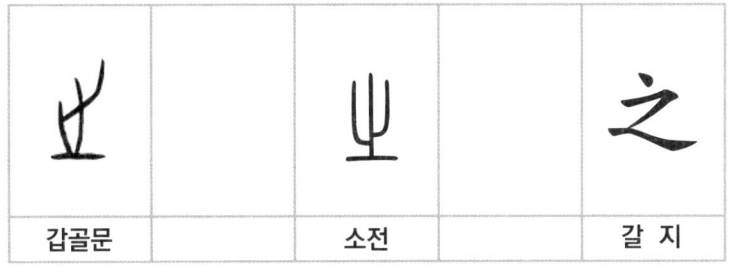

갑골문	소전	갈 지

之의 갑골문은 발바닥 하나가 땅 위에 있는 모습을 상형한 것으로, '어떤 곳을 향해 걸어간다'는 뜻의 동사다. 그러나 일찍부터 동사의 목적어인 3인칭 대명사 '그것', 또는 소유격이나 관형격을 나타내는 조사 '~의', '~한'으로 주로 사용되었다. '易地思之(역지사지)'의 之는 대명사로 쓰인 예이고, '漁父之利(어부지리)'의 之는 조사로 쓰인 예다.

佩蘭斯馨　如松生盛

제35강

川流不息 淵澄取暎
천류불식 연징취영

흐르는 냇물과 맑은 연못

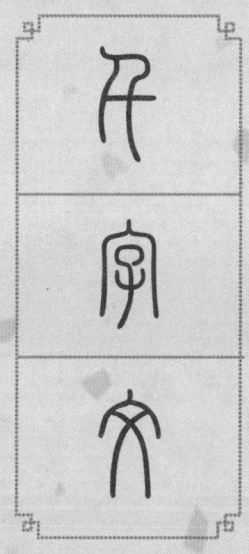

> 냇물은 흘러가며 멈추지 않고
> 연못은 맑아 그곳에 비춘 모습을 얻는구나.

이 구절에는 멈추지 않고 흘러가는 물과 맑아서 모습을 비추는 연못이 나온다. 해석을 새겨보면 넘실거리며 흐르는 강물부터 계곡에서 샘물이 흘러내려 산 아래로 달려가는 모습이 연상되고, 수목이 넓게 두르고 있는 한 가운데 푸른색의 맑은 호수가 연상된다. 그렇게 흐르는 물과 맑은 연못이라니 이는 매우 시적인 표현이다. 하지만 주흥사가 멋있는 풍광을 묘사하려고 이 구절을 만든 것은 아닐 테고, 흐르는 물과 맑은 연못으로 무슨 말을 하고 싶었을까.

흐르는 물이 상징하는 것이 무엇일까. 『논어論語』에 나오는 말이다. "공자孔子께서 물 위에 계시다가 말씀하셨다. 지나가는 것이 저와 같구나. 밤낮을 쉬지 않는구나."[1] 흘러가는 물을 바라보고 있으면 먼저 무엇이 떠오르는가. 저 앞으로부터 뒤로 이어져 끊임이 없음, 멈추지 않고 빈 곳을 채움, 흘러가고 나면 그 자리에 다시 돌아오지 않음 등등의 상념이다. 우리는 '끊임없음'에서 물의 유구함과 지속을, '흘러가 버림'에서 허무함과 무상함을 연상한다.

공자가 물 위에서 탄식한 것은 무엇 때문이었을까. 밤낮을 쉬지 않고 지속적으로 흐르는 일에 강인함을 느낀 것이었을까. 아니면 가버리고 다시 오지 않는 것을 무상하게 여겨서였을까. 생각해 보니 공자와 같은 성인이라면 허무함이나 무상함을 제자들에게 특히 강조하려고 노력하지 않았으리라. 인간으로서 살아내야 하는 일에 집중한 공자는, 흘러가는 물처럼 쉬지 않고 노력해서 완성해야 하는 인성을 강조하려고 그 앞에서 감탄했을 것이다.

인간다운 노력을 '쉬지 않음[不息]'과 관련해서 『주역周易』에는 이런 구절이 나온다. "하늘의 운행은 강건하다. 군자는 그것을 본받아 스스로 강하게 만드는 일을 쉬지 않는다."[2] '자강불식自強不息'이라는 성어가 유래한 구절이다. 해와 달이 돌고, 별자리가 운행하는 것은 결코 누구의 도움을 받아서 움직이는 것이 아니다. 언제나 자신의 힘으로 돌고 시간이 흐르면 반드시 제자리로 돌아온다.

천문학이 발달하면서 지금은 태양이 도는 게 아니라 지구가 돈다는 것을 알고, 달은 지구의 위성으로서 돌고 있다는 것을 안다. 또 별들에게도 항성이 있고 위성이 있으며, 별자리를 가진 은하들도 수천, 수만 개가 넘는다는 것을 안다.

고대인이 몰랐던 것을 현대인이 알았다 해도, 여전히 변하지 않는 것은 '우주의 운행[天行]'이 그 어떤 타의에 의한 힘이 아니라는 점이다. 『주역』에서 말하는 것이 바로 그 대목이다. 우주가 운행하는 것처럼 군자는 스스로 강하다. 그리고 그것을 멈추지 않는다. 장대하고 독립적인 인격이 군자에게 부여된 것이다. 공자는 흐르는 물에서 우주의 운행을 보고 그것에서 멈추지 않는 강건함에 감탄했다.

맑은 연못이 상징하는 것은 무엇일까. 연못에 고인 물이 탁하면 아무것도 비추지 못한다. 그러나 아주 맑으면 연못 주변의 물건들을 선명하게 비춰준다. 맑은 연못이 마치 거울처럼 비춰준다고 하면 도대체 무엇을 비춘다는 뜻일까. 냇물처럼 흐르는 물이 군자의 외면을 상징한다면, 맑은 연못은 혹시 군자의 내면을 상징하는 것이 아닐까. 연못의 물이 맑은 것처럼 군자의 내면은 복잡하거나 혼탁하지 않고 순수하고 진실해야 하므로.

그래서 '川流不息천류불식'이 인내심을 가지고 끊임없이 자신을 갈고닦는 군자의 덕행이라면, '淵澄取暎연징취영'의 맑은 연못은 강건해야 하는 군자가 자신을 연마하면서 비추어보는 자성의 거울을 상징하지는 않았을까 생각해 본다.

【주석】
1 『논어·자한(子罕)』: "子在川上曰, 逝者如斯夫, 不舍晝夜."
2 『주역·건괘(乾卦)』: "大竹健, 君子以自强不息."

◆ 『옥편玉篇』과 자전字典

글을 읽다 모르는 한자가 나오면 우리는 쉽게 옥편을 찾아보려고 생각한다. 우리나라에서 '옥편'은 한자를 모아서 일정한 순서로 배열하고 각 글자의 뜻과 음을 풀이한 자전을 의미한다. 그러나 사실 '옥편'은 중국 양梁 나라의 고야왕(顧野王, 519~581)이 편찬했다고 전해지는 자전의 이름이다.

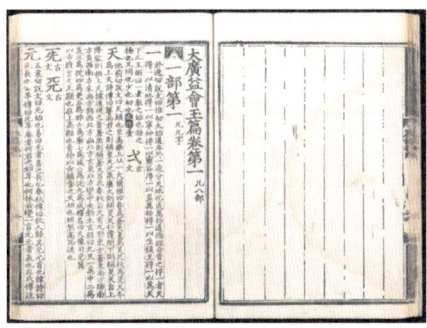

규장각 한국학연구원 〈옥편〉

『옥편』은 『설문해자』를 본받아 542개의 부수 아래 모두 16,917개의 한자를 수록하고, 각 글자의 구조와 의미를 설명했다.

『설문해자』가 소전을 대상으로 각 글자의 본래 의미를 설명하려 했던 것과 달리, 『옥편』은 당시에 사용한 해서체 한자의 뜻과 음을 설명하여 매우 실용적이었다. 이 때문에 중국 뿐 아니라 한국과 일본에서도 널리 유통되었고, 자전의 대명사가 되었다.

◈ 고문자 설명

〰〰 (소전)	㳅 (소전)	流 (흐를 류)

流는 물이 흐르는 것을 말하는데, 소전에는 두 개의 '水(수)'와 '㐬(류)'로 구성된 자형도 있고, 하나의 水와 㐬로 구성된 자형도 있다. 『설문』에서는 㐬를 '갑작스럽다'는 뜻으로 설명했는데, 형태만 보면 아이가 거꾸로 누워 있는 모습이다. 이 글자에서는 출산할 때 아이가 위에서 아래로 머리를 거꾸로 한 채 나오듯이, '물이 순조롭게 흐른다'는 뜻을 표현한 것 같다.

(갑골문)	(소전)	不 (아닐 불)

『설문』에서는 이 글자를 새가 위로 날아오른 뒤 아래로 내려오지 않는 모습을 상형한 글자라고 설명했다. 그러나 갑골문을 보면 어디에서도 새의 모습을 찾을 수 없다. 『시경(詩經)』에서 不을 '꽃받침'을 뜻하는 글자로 쓴 것을 보면, 不은 본래 꽃잎을 바치고 있는 꽃받침의 모습을 상형한 글자다. '~가 아니다'라는 뜻은 가차된 것이다.

갑골문	소전	못 연

淵의 갑골문은 웅덩이 같이 보이는 어떤 구역 안에 물이 들어 있는 모습을 상형한 것으로, 깊은 연못을 가리키는 글자다. 웅덩이 밖에 물줄기의 모양을 더한 형태의 갑골문()도 있다. 소전은 이것을 계승해 한 줄로 표현된 물줄기를 '水(수)'로 바꾸고, 못을 상형한 웅덩이 내부의 물줄기를 가로획으로 변화시켰다. 이 때문에 본래 못을 상형한 의미를 알아보기 어렵게 되었다.

갑골문	소전	취할 취

取는 갑골문부터 해서에 이르기까지 모두 사람의 귀를 상형한 '耳(이)'와 사람의 손을 상형한 '又(우)'로 구성된 회의자다. 고대에는 전쟁에서 적군을 죽인 뒤, 그의 왼쪽 귀를 잘라 왕에게 바치는 풍습이 있었다. 이 때문에 取는 단순히 손으로 귀를 잡고 있다는 의미가 아니라, '빼앗아 가진다'는 의미를 나타낸다.

川流不息 渊澄取映

제36강

容止若思 言辭安定
용지약사 언사안정

말과 행동은 이렇게

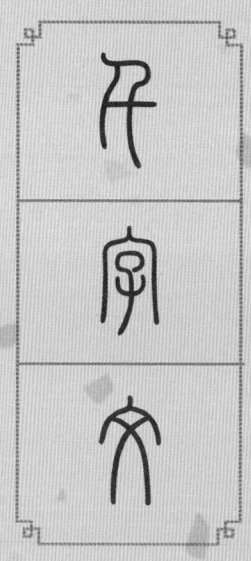

> 몸가짐은 생각하는 듯 신중하게
> 말은 편안하고 안정되게.

'容止용지'를 몸가짐이라는 하나의 단어로 풀이했지만, 엄밀하게 말하자면 容과 止는 각각 다른 의미를 나타낸다. 容은 용모容貌라는 단어를 떠올리며 단순히 얼굴 생김새를 나타낸다고 생각하기 쉽다. 하지만 그보다는 겉으로 보이는 전체적인 모습, 즉 옷을 갖춰 입은 모습과 같이 좀 더 넓은 개념의 외모로 이해하는 것이 좋다.

止는 본래 사람의 발바닥을 상형한 글자다. 아래 갑골문은 엄지발가락이 오른쪽으로 삐죽 나와 있는 모습으로 보았을 때, 사람의 왼발을 간략하게 그린 것이다. 그런데 소전에서는 이미 발바닥의 모습을 찾아볼 수 없게 되었고, 해서는 소전의 굽은 획을 직선으로 정리하여 더욱 상징적인 글자로 변했다.

갑골문   소전   해서

止는 문장에서 발이나 발바닥이라는 의미로 쓰이지 않고, 걸음을 걷다가 멈추는 동작 또는 멈춘 상태를 유지하며 어딘가에 머무는 동작 등을 나타낸다. 멈춘다는 것은 걷거나 뛰는 중이었음을 전제하므로, 『천자문』의 이 구절에서는 止자 하나만으로도 몸을 움직여 만들어내는 모든 행위, 즉 '행동거지行動擧止'를 의미한다.

'言辭언사'는 일반적으로 말이나 말하는 태도를 가리킨다. 우리말에서 "언사가 지나치다"라는 점잖은 표현은 바로 "말이 심하다"라는 편한 말로 대체할 수 있다. 그런데 이 단어도 엄밀하게 구분하면 서로 다른 점이 있다.

言은 입에서 말이 나오는 모습을 표현한 것으로 보인다. 갑골문에서는 혀를 뜻하는 舌설을 간단하게는 형태로, 복잡하게는 형태로 썼는데, 言은 복잡한 형태의 舌자 위에 가로획을 하나 더한 모양이다. 이 가로획이 혀를 움직여 만들어내는 말을 상징한 것이라고 가정한다면, 言은 처음부터 사람의 말을 표현하는 글자로 만들어졌다고 할 수 있다.

갑골문　　소전　　해서

辭도 역시 말을 뜻한다. 복잡하게 생긴 왼쪽의 𤔔란은 어지럽다는 의미의 亂란의 본래 글자다. 『설문해자』에서는 이 글자를 '다스리다[治]'라는 의미로 풀이했다.¹ 자세히 보면 위아래로 손 두 개가 얽힌 실타래를 정리해 바로잡는 모습처럼 보인다. 그것을 통해 다스린다는 의미를 표현한 것이다.

辭의 구성부분인 辛신은 갑골문에서 ▼형태로 쓰였는데, 고대에 죄인을 처벌했던 형벌 도구를 상형한 글자이다. 그래서 辛으로 구성된 글자 중에는 형벌을 받거나 형벌을 집행하는 사람을 의미하는 한자가 많다. 예를 들어 ▲(妾첩)과 ▲(僕복)은 모두 죄를 지어 종이 된 사람을 나타내는데, 두 글자 모두 머리 부분에 辛을 포함하고 있다. 辛과 𤔔으로 구성된 辭를 『설문해자』에서는 '죄를 다투는 소송[訟]'으로 풀이했다.² 소송을 할 때 사용하는 말은 일상적인 말보다 더 엄밀하고 조리를 갖추어야 한다. 그렇다면 '언사'는 일상에서 엄밀하고 조리가 있게 사용하는 말을 가리키는 것으로 이해할 수 있다.

신중한 행동과 안정된 말은 누구나 추구해야 하는 훌륭한 내용이지만, 고대에는 특히 군자로 표현되는 공동체의 지도자에게 이러한 이상적인 모습을 요구했다. 『좌전左傳』에서 "그러므로 군자는 자리에 있을 때 두려워할 만해야 하고, 은혜를 베풀고 물건을 줄 때는 사랑할 만해야 하고, 나아가거나 물러날 때에는 본보기가 될 만해야 하고 …… 겉모습과 행동거지는 볼만해야 하고 …… 언어는 조리가 있어야 하고 ……"[3]라고 한 것을 보면, 『천자문』의 이 구절은 '군자'를 주어로 갖는다고 할 수 있다.

제36강을 제35강의 내용과 연결해 보면, 군자는 끊임없이 공부하고 수양하여 겉으로 드러나는 모습과 마음에서 나오는 말이 볼 만하고 들을 만한 사람으로 발전해야 한다는 뜻이다. 남을 다스리는 위치에 있는 사람이라면 마땅히 이 정도의 수준을 갖추어야 한다는 고대 중국 사회의 엄중한 요구를 보여준다.

【주석】

1 『설문해자』제4편 '爪(표)'부: "亂은 다스린다는 뜻이다. 어린 아이들이 서로 다투므로, 두 손으로[爪] 그들을 다스린다. 亂(란)과 같이 발음한다. 일설에 '처리하다'라는 뜻이라고 한다.(亂, 治也. 幺子相亂, 爪治之也. 讀若亂同. 一曰, 理也.)"

2 『설문해자』제14편 '辛'부: "辭(사)는 소송한다는 뜻이다. 亂(란)과 辛(신)을 의미성분으로 한다. 亂은 죄를 처리한다는 뜻과 같다.(辭, 訟也. 从亂, 辛. 亂, 猶理辜也.)"

3 『좌전·양공(襄公)』31년: "그러므로 군자는 자리에 있을 때 두려워할 만해야 하고, 은혜를 베풀고 물건을 줄 때는 사랑할 만해야 하고, 나아가거나 물러날 때는 본보기가 될 만해야 하고, 주선할 때는 본받을 만해야 하고, 겉모습과 행동거지는 볼 만해야 하고, 일을 만들 때는 법으로 삼을 만해야 하고, 덕행은 본받을 만해야 하고, 음성과 얼굴빛은 즐겁게 할 만하며, 동작은 우아함이 있고, 언어는 조리가 있게 함으로써 그 아랫사람들에게 군림하는 것이니, 이것을 일컬어 위엄이 있다고 한다.(故君子在位可畏, 施舍可愛, 進退可度, 周旋可則, 容止可觀, 作事可法, 德行可象, 聲氣可樂, 動作有文, 言語有章, 以臨其下, 謂之有威儀也.)"

◈ 고문자 설명

갑골문	소전	얼굴 용

容은 집을 의미하는 '宀(면)'과 골짜기를 의미하는 '谷(곡)'으로 구성되었다. 집은 사람을, 골짜기는 물을 받아들이므로, 이 글자는 본래 '수용하다', '용납하다'라는 의미를 나타낸다고 볼 수 있다. 갑골문은 소전과 달리 동굴을 의미하는 '穴(혈)'과 물품을 상징하는 'ㅁ'로 구성되었다. 동굴 안에 물건이 담겨 있다는 의미이다. '얼굴'이나 '모양'이라는 뜻은 가차된 것이다.

금문	소전	생각 사

해서 思는 밭을 의미하는 '田(전)'과 마음을 의미하는 '心(심)'으로 구성되었다. 그러나 금문과 소전을 보면, 윗부분이 田이 아니라 '囟(정수리 신)'이다. 囟은 숨골이 아직 닫히지 않은 어린아이의 머리를 상형한 글자이며, 思의 발음성분이다. 생각이라는 뜻은 心으로부터 나왔다. 고대에는 생각을 두뇌의 활동이 아니라, 마음에서 일어나는 활동으로 생각한 것 같다.

安은 집 안에 여자가 있는 모양이다. 여성이 집안에서 가정을 잘 돌봄으로써 가정과 사회가 편안하다는 뜻을 표현한 것으로 보인다. 그러나 이 글자를 여성이 개인의 방을 가지고 다른 부족의 남성을 기다리는 고대 모계씨족 사회의 혼인 풍습을 표현한 것으로 해석하는 학자도 있다. 이렇게 혼인하여 자식을 낳아, 본인이 속한 씨족사회의 번영과 안전에 기여할 수 있다는 것이다. 새로운 견해이지만, 전자의 해석이 더 일반적이다.

소전을 보면 定은 집을 의미하는 '宀(면)'과 바르다는 의미의 '正(정)'으로 구성되었다. 갑골문과 해서도 같은 구조지만, 正의 모양은 조금 다르다. 갑골문 正자는 口로 표현된 어떤 구역으로 향하는 사람의 발 모습이다. 이것은 정벌한다는 의미의 '征(정)'자이므로, 定은 본래 '평정하다', '안정되게 만든다'는 뜻을 표현한 글자였다.

守正菁惠 音韵宏应

제37강

篤初誠美 愼終宜令
독초성미 신종의령

처음도 끝도 신중하게

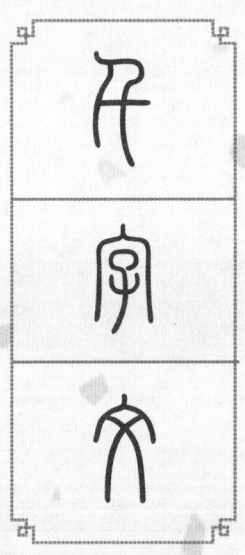

> 시작을 독실하게 하는 것이 참되고 아름다우며
> 끝을 신중히 하는 것이 마땅하고 훌륭하다.

『천자문』의 이 구절은 우리가 무언가를 시작하거나 끝을 맺을 때 가져야 하는 바람직한 태도에 대해 말하고 있다. 시작할 때 요구되는 '篤독'은 우리말의 '독실하다'로 풀이했는데, 글자의 구조를 살펴보면 본래는 말과 관계된 글자였다. 『설문해자』에서는 篤을 말이 머리를 조아리고 천천히 걷는 동작이라고 설명했다.[1] 말의 그런 모습에서 서두르지 않는, 그래서 가볍게 결정하고 쉽게 행동하지 않는 진지하고 신중한 태도를 연상할 수 있다.

무언가를 시작할 때는 섣불리 결정하지 말고 충분히 생각하는 시간을 갖는 것이 좋다. 준비가 부족한 상태에서 시작된 일이 원만한 결말로 끝나는 일은 드물기 때문에, 어떤 경우에는 기획 단계에 드는 시간이 실제로 그 일을 수행하는 시간보다 더 긴 때도 있다. 예상되는 모든 변수를 헤아려보고 적절한 대비책을 마련하려면 성급하게 시작해서는 안 된다. 시작을 독실하게 한다는 것은 바로 이런 의미일 것이다.

'끝을 신중히 한다'고 풀이한 '愼終신종'은 보통 예법에 맞게 장례를 정중히 치르는 것을 의미한다. 그러나 『천자문』의 이 구절에서는 어떤 일을 끝맺을 때 신중히 한다는 의미로 이해하는 것이 좋다. 왜냐하면 앞 구절의 '篤初독초'와 뒷구절의 '愼終'이 서로 호응하는데, 앞 구절의 初를 사람의 탄생으로 해석하기 어렵기 때문이다.

愼은 『설문해자』에서 '삼간다[謹]'는 뜻으로 풀이했다.[2] 구조적으로는 眞진이 발음성분인 형성자지만, 참되고 성실하지 않으면서 신중하고 삼가는 행동을 하는 것이 어렵기 때문에, 眞을 의미성분으로도 볼 수 있다.

시작을 돈독하게 하는 것도 쉽지 않지만, 끝을 신중히 하여 좋은 결말을 보는 일은 더욱 어렵다. 시작과 끝이 순간적으로 완성되는 하나의 점이라면, 그 둘을 연결하는 데에는 일련의 과정이 필요하다. 끝은 시작한 이후에 그 과정을 어떻게 채우느냐에 따라 아름다울 수도 있고 그렇지 않을 수도 있다. 그 과정은 결국 매일의 삶인데, 때때로 예상치 못한 도전과 곤란함은 기대와 다른 결과를 만들기 십상이다. 그래서 우리는 온갖 어려움을 극복하고 처음 세운 목표를 달성한 사람을 존경하게 된다.

중국 역사에서 처음 세운 뜻을 끝까지 견지해서 좋은 결말을 만들어낸 사람으로 사마천司馬遷을 꼽을 수 있다. 그는 아버지 사마담司馬談의 유언을 받들어 훌륭한 역사서를 편찬하겠노라 결심하고 『사기史記』를 저술하던 중, 그만 흉노匈奴에게 투항한 이릉李陵을 변호하다 궁형宮刑을 당하는 곤경에 처했다. 그 시대에 궁형의 수치를 견디는 것은 목숨을 버리는 것보다 어려웠을 것이다. 그러나 사마천은 『사기』의 완성을 위해 수치스럽게 사는 길을 선택했고, 마침내 130편에 달하는 역사서를 완성했다. 사마천의 생각은 『사기·오자서열전伍子胥列傳』에 잘 드러나 있다.

오자서는 춘추시기 초楚나라 평왕平王 시대에 태자의 스승을 지낸 오사伍奢의 둘째 아들로 태어났다. 평왕은 간신 비무기費無忌의 말을 듣고 오사를 옥에 가두고, 아버지의 목숨을 빌미로 그의 두 아들도 불러 함께 죽이려고 했다. 오자서의 형은 함정인 줄 알면서도 가서 아버지와 함께 죽었지만, 오자서는 홀로 도망쳐 목숨을 구했다. 그리고 훗날 오吳나라의 재상이 되어 초나라를 쳐서 끝내 아버지의 원수를 갚았다. 사마천은 이런 오자서를 다음과 같이 평가했다.

"오자서가 오사를 따라 함께 죽었더라면 땅강아지나 개미와 무엇이 달랐겠는가? 작은 의리를 버리고 큰 치욕을 갚아 그 이름을 후세에 남겼으니, 참으로 비장하다! 오자서는 강에서 곤궁에 빠지고 길에서 구걸하면서도 잠시도 초나라를 잊을 수 없었을 것이다. 그래서 치욕을 견디고 공명을 세웠으니, 장렬한 대장부가 아니고서야 누가 이렇게 할 수 있겠는가?"[3]

사마천의 이 말은 마치 자신이 궁형을 감수하고서까지 살기로 했던 이유에 대한 변론처럼 들린다.

좋은 끝은 시작한 이후로 어떤 시간을 보내느냐에 달렸다는 것을 잊지 말자. 그리고 그 과정에서 마주하게 되는 시련과 고난 앞에 쉽게 좌절하지 않기 위해서, 시작을 신중히 하려고 노력하자.

【주석】

1 『설문해자』 제10편 '馬'부: "篤, 馬行頓遲."
2 『설문해자』 제10편 '心'부: "慎, 謹也."
3 『사기·오자서열전』: "太史公曰, …… 向令伍子胥從奢俱死, 何異螻蟻. 棄小義, 雪大恥, 名垂於後世, 悲夫! 方子胥窘於江上, 道乞食, 志豈嘗須臾忘郢邪？故隱忍就功名, 非烈丈夫孰能致此哉？"

◆ 고문자 설명

갑골문	소전	처음 초

옷을 짓는 일은 칼로 천을 자르는 것에서 시작된다. 그런 의미에서 '처음'을 뜻하는 初가 옷을 상형한 '衣(의)'와 칼을 상형한 '刀(도)'로 구성된 것이다. 지금은 옷을 짓는 일 뿐 아니라, 모든 처음 시작하는 것을 가리키는 글자로 쓰인다.

갑골문	소전	아름다울 미

해서에서 美는 '羊(양 양)'자 아래에 '크다'는 의미인 '大(대)'자가 있는 구조다. 『설문』에서는 양이 커서 맛이 좋다는 의미로 풀이했다. 그러나 美의 갑골문은 정면으로 선 사람이 머리에 큰 장식을 쓰고 있는 모습처럼 보인다. 장식은 아름답게 보이기 위해 하는 것이므로, 美는 처음부터 꾸며서 아름답다는 의미를 표현한 글자라고 할 수 있다.

終의 갑골문은 양 끝을 매듭지은 끈의 모습처럼 보인다. 매듭을 지었다는 것은 종결되었다는 의미이다. 이 글자는 또한 계절의 끝, 겨울을 가리키는 '冬(동)'자의 갑골문이기도 하다. 소전에서는 갑골문의 아래에 얼음을 표현한 자형을 더해서 오늘날의 冬자를 만들었다. 그리고 끝이 났다는 의미는 끈의 재료인 '糸(멱)'을 더해 終자로 표현했다.

令의 갑골문은 꿇어앉은 사람과 그 머리 위로 거꾸로 그린 입이 있는 형태다. 윗사람으로부터 명령을 듣는 모습을 통해 '명령, 명령하다'라는 의미를 나타냈다. 이로부터 명령하는 사람, 즉 장관이라는 의미로 확장되었는데, 문장에서는 주로 다른 사람에게 무엇을 하도록 만든다는 의미의 사역형 동사로 사용된다.

篆刻誡美　慎終宜令

제38강

榮業所基 籍甚無竟
영업소기 자심무경

영화로운 업적의 바탕

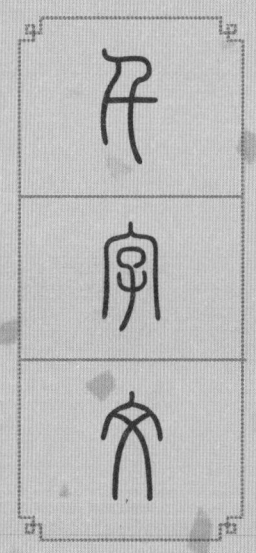

> 영화로운 업적의 바탕이 되니
> 명성이 더욱 성해져서 끝이 없구나.

이 구절은 앞에 나온 구절들과 이어서 해석해야 한다. 쉬지 않고 자신을 단련하는 군자의 모습을 담은 제35강 '川流不息천류불식 淵澄取暎연징취영', 그러한 군자라면 용모와 마음가짐 그리고 언어사용이 어때야 하는지 말하는 제36강 '容止若思용지약사 言辭安定언사안정', 또 애초에 마음먹은 것을 잘 지키면서 아름답게 끝을 맺는 실천의 과정을 말하는 제37강 '篤初誠美독초성미 愼終宜令신종의령'에 이르기까지 이처럼 '자강불식'하는 군자의 행동과 생각, 말이 예의에 적절하고 안정됨을 설명했다. 그리고 이것들이 바로 군자가 이룩하는 '영화로운 업적의 바탕'이 된다. 그래서 그 뒤를 이은 제38강에서 '榮業所基영업소기'를 말하였다.

그런데 '영업소기'를 이어받는 구절 '籍甚無竟자심무경' 중 '籍甚자심'[1]을 해석하기가 쉽지 않다. 『한서漢書』에 출현하는 용례를 보면, '名聲籍甚명성자심[명성이 대단히 높다]'라 하였고, 『문선文選』에는 '風流籍甚풍류자심[풍류가 매우 많다]'라는 문장이 보인다.² 주석가들은 '籍甚'이 명성을 이루게 된 바탕이 대단히 풍부하고 왕성한 것을 뜻한다고 풀이했다. 이 주석을 활용해서 이 구절을 해석한다면, 여기에서 '자심'은 군자가 이룩한 영화로운 업적의 바탕이 대단히 튼튼하고 성대하다는 뜻이다. 즉 '자심무경'은 훌륭한 업적과 명성을 이뤄줄 수 있는 바탕을 튼튼하고 풍성하게 끝없이 지속하라는 소망과 기원을 담고 있는 구절이다.

그런데 정작 '영업'의 '業업'자에 관해『설문해자』의 풀이를 살펴보면, '業'은 원래 다른 뜻을 가진 글자다.『설문해자』의 해석은 다음과 같다. "業은 큰 나무판이다. 그것을 가지고 종과 북을 매달아 장식하는 것에 사용한다. 모양이 들쭉날쭉하기가 마치 톱날 같고, 그 위를 하얀색으로 색칠했다. 서로 어긋나 있는 것이 이어진 모양을 본뜬 것이다."³ '모양이 들쭉날쭉하기가 마치 톱날 같다'는 해석의 원문은 '捷業如鋸齒첩업여거치'이다. 여기에 나오는 '捷業첩업'은 바로 들쭉날쭉한 모양을 가리키는 말이다. 마치 톱니가 뾰족뾰족한 것처럼 말이다. 이곳에서 설명하는 業자는 조각하거나 장식하여 무늬를 만들어놓은 큰 나무판을 뜻한다.

편종

소전 業자

고대의 악기인 편종을 살펴보면 종들을 매달고 있는 맨 위의 나무판이 정교하게 장식되어 있고 그 위에도 뾰족뾰족하게 튀어나와 있다. 그것을 소전의 業자와 비교하면 윗부분이 비슷한 것을 확인할 수 있다.

『설문해자』의 원의대로 사용된 용례로 『시경詩經·주송周頌·유고有瞽』편에 "業을 설치하고 虡거를 설치한다"고 한 구절이 있다.[4] 이 구절을 주석한 내용에서는 "業은 큰 나무판이다. 그것으로 악기를 매다는 가름대나무를 장식한다. 그 무늬 모양이 들쭉날쭉하기가 마치 톱니 같다."라고 하였다.[5] 이는 『설문해자』의 뜻풀이와 거의 같은 내용이다. 『시경』의 구절에 쓰인 '業'은 쇠북을 걸 때 쓰는 가대나무 위의 판 장식이고, 이곳의 '虡거'는 쇠북 거는 틀 기둥을 뜻한다.[6] 모두 악기인 종과 북을 만들 때 사용하는 부속품들이다.

하지만 후대의 문헌에서 주로 활용된 業의 사전적인 뜻을 살펴보면, 원의를 추정하기가 쉽지 않다. 예를 들어 '학업 學業'의 의미로 쓰인다든지, '사업事業', 혹은 '가업家業', '산업 産業', '직업職業' 등이나, 각종 산업 분야를 뜻하는 '공업 工業', '농업農業', '수공업手工業', '제조업製造業' 등의 단어에 활용된 것을 보면 '業'은 대체로 '이루려는 일'을 뜻하고, '큰 나무판'을 뜻하지 않는다.

왜 악기의 장식을 만드는 큰 나무판이라는 뜻에서 영업, 사업, 학업, 산업 등의 뜻으로 쓰이게 되었을까. 고대에 음악은 정치에서 대단히 중요한 역할을 했다. 『순자荀子·악론樂論』에서는 다음과 같이 말했다. "음악이 중도를 이루어 평안하면 백성들도 조화롭고 악에 물들지 않으며, 음악이 엄숙하고 장중하면 백성들도 그에 맞추어 어지러워지지 않는다."[7]

음악이 정치와 사회를 안정시키는 데 매우 중요하다면, 음악을 연주하는 악기 만드는 일 또한 대단히 중요하다. 악기 제작 과정 중에서도 복잡한 공정을 거쳐서 마지막으로 완성되는 단계는 악기틀 위에 '業'을 만들어 얹음으로써 비로소 끝이 난다. 그렇게 음악을 중시하면서 '業'을 만들었기 때문에, 후대에 '業'이 겸치 '이루어야 히는 일', '훌륭히게 이뤄긴 공적'을 뜻하게 된 것이 아닐까.

【주석】

1 籍자는 문서나 기록을 뜻하면 '적'으로 발음하지만, '매우 심함'이나 '매우 많음'을 뜻하면 '자'로 발음한다.
2 『한서·육가전(陸賈傳)』: "육가(陸賈)는 이로써 한(漢)나라 조정의 공경들에게 유세하여 명성이 대단히 높았다.(賈以此遊漢廷公卿間, 名聲籍甚.)"
『문선·저연비문(褚淵碑文)』: "제후들을 밝혀주니 풍류가 대단히 많았다.(光昭諸侯, 風流籍甚.)"
3 『설문해자』 제3편 '丵(착)'부: "業, 大版也. 所以飾縣鍾鼓. 捷業如鋸齒, 以白畫之. 象其鉏鋙相承也."
4 『시경·주송·유고』: "음악의 장인이여. 주(周)나라 조정에서 업(業)을 설치하고 거(虡)를 설치하고 상앗대로 높이고 깃털을 꽂았구나.(有瞽有瞽, 在周之庭. 設業設虡, 崇牙樹羽.)"
5 「유고」편의 모전(毛傳): "業, 大板也. 所以飾栒爲縣也. 捷業如鋸齒."
6 『설문해자』 제5편 '虍(호)'부: "거(虡)는 쇠북을 거는 틀의 기둥이다. 그곳에 맹수를 장식한다.(虡, 鍾鼓之柎也. 飾爲猛獸.)"
7 『순자·악론』: "樂中平則, 民和而不流. 樂肅莊則, 民齊而不亂."

◈ 고문자 설명

금문	소전	일 업

『설문』에서는 이 글자를 종이나 북과 같은 악기를 걸 수 있도록 윗부분을 톱니처럼 만든 큰 널빤지라고 풀이했다. 業의 금문은 두 사람이 머리 위에 이 널빤지를 이고 있는 모습인데, 소전과 해서에서 사람을 표현한 부분이 각각 '巾(건)'과 '木(목)'으로 잘못 변했다. 현재는 직업(職業), 학업(學業), 업무(業務) 등의 단어를 구성하며, '일'이라는 뜻으로만 쓰인다.

금문	소전	바 소

所는 도끼를 뜻하는 '斤(근)'과 발음을 나타내는 '戶(호)'로 구성된 형성자다. 이 글자의 본래 의미는 도끼로 나무를 벨 때 나는 소리다. 지금은 가차되어 주소(住所), 장소(場所) 등의 단어에서 '~한 곳'이라는 의미로 쓰이고, 소견(所見), 소회(所懷) 등의 단어에서 '~한 것'이라는 의미로 쓰인다.

| 금문 | 소전 | 심할 심 |

금문을 보면 이 글자의 윗부분은 '甘(감)'인데, 아랫부분은 무엇을 표현한 것인지 명확하지 않다. 소전은 아랫부분이 짝을 의미하는 '匹(필)'처럼 변했다.『설문』에서는 이 글자를 甘과 匹로 구성된 회의자로 분석하고, '더욱 안락하다'는 뜻이라고 설명했다. 여기에서 '지나치다, 심하다' 등의 의미가 파생되었다.

| 갑골문 | 소전 | 없을 무 |

無는 본래 춤을 춘다는 뜻의 '舞(무)'자였다. 갑골문은 사람이 손에 장식물을 들고 춤을 추는 모습을 상형한 것이다. 오늘날의 응원단과 비슷하다고 할 수 있을까? 이 글자를 소유나 존재가 없음을 표시하는 글자로 가차하면서, 춤을 춘다는 의미는 발바닥 두 개를 의미하는 '舛(천)'을 더해서 새로 만들었다. 이것이 舞와 無의 발음이 같고 자형이 비슷한 이유다.

榮業所基 籍甚無竟

제39강

學優登仕 攝職從政
학우등사 섭직종정

배움과 정치

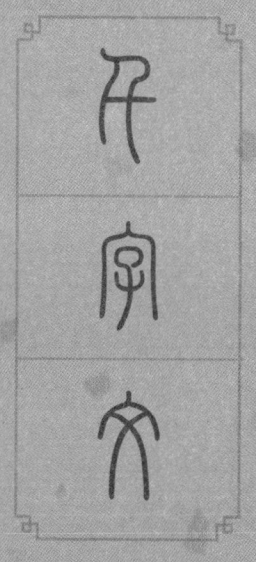

> 배움이 넉넉해지면 벼슬길에 들어서고
> 직책을 맡게 되면 정치에 종사하라.

이 강에서는 배움이 무르익어 차고 넘치게 될 때, 해야 할 일을 순차적으로 제시하고 있다. 바로 '仕사'와 '政정'이다. 무언가를 배운다는 것은 기본적으로 자신을 위한 행위이며, 그런 점에서 사적私的이라고 할 수 있다. 그런데 그 배움이 일정한 수준에 도달하면 사적인 차원에 머무는 게 아니라, 공적公的인 차원으로 자신의 배움을 확장해야 한다.

공적인 일로 나아가는 통로가 고대 중국에서는 벼슬길에 들어서는 일이었다. 첫 구절인 '學優登仕학우등사'에서 '登仕등사'는 벼슬길에 들어선다는 말이다. 여기에서 벼슬을 뜻하는 '仕사'는 人인과 士사로 이루어진 글자로, 오른편의 士는 仕의 발음성분이자 의미성분이다. 士는 일반적으로 '선비'라고 풀이하는데 선비는 배우는 사람, 학인學人, 학자學者, 즉 넓은 의미의 지식인을 말한다. 따라서 仕는 사람[人] 중에서 배우는 사람[士]이 하는 행위가 바로 벼슬[仕]이라는 의미이다.

그렇지만 배운다고 무작정 벼슬을 할 수 있는 것은 아니었다. 조건이 필요했는데, 즉 배움이 차고 넘쳐야 했다. '學優학우'의 '優우'는 그러한 상태를 뜻한다. 優는 경제적으로 넉넉하다는 의미에서 출발하여[1], 정신적이고 추상적인 여유를 포괄하는 의미로도 사용되었다.

무엇보다 중요한 것은 '學'이다. 배운다는 것은 무엇인가. 배움을 거칠게 정의해 보자면, 다양한 정보와 지식을 책이나 유튜브와 같은 각종 매체를 통해 습득하는 것이라고 할 수 있다. 그리고 이때 우리가 떠올리는 '배움'은 대부분 지성적인 두뇌 활동에 초점이 맞추어져 있다. 그러나 과연 배움이 두뇌 활동만을 지칭할까.

『논어論語』의 첫 구절을 함께 놓고 생각해 보면 '學優'에서의 '學'이 책상머리 공부에 머무는 것 같지는 않다. 『논어』의 첫 구절은 이렇게 시작된다. "배우고 배운 것을 그때마다 익히면 또한 기쁘지 아니한가."[2]

'배움[學]'은 '익히는 것[習]'을 통해 자기 것이 된다. 제28강에서 배웠던 '習'자를 다시 떠올려보자. 익힌다는 것은 어린 새가 수배 번 수천 번의 날갯짓을 통해 나는 것을 배우듯, 반복적이고 지속적인 학습을 통해 몸에 스며드는 것이다. 따라서 배움은 반복적이고 지속적인 두뇌 활동일 뿐 아니라 그렇게 배운 것을 마음으로 받아들이는 감성적 활동이며, 몸을 움직이는 변화까지를 아우르는 실천적 행위이다. 이렇게 배워서 익힌다면 희열을 느끼지 않을 수 없다.

한 가지 덧붙이자면, 배움이 넉넉해져서 벼슬에 오르는 것은 배움의 목적이나 결과가 아니다. 공자의 제자 자하子夏는 배움과 벼슬의 관계를 "벼슬을 하면서도 여력이 있으면 배우고, 배우고도 여력이 있으면 벼슬을 하라."고 말한 바 있다.[3] 배움과 벼슬은 일회적이고 단선적인 관계가 아니라 상호 순환적이고 상보적이다.

이렇게 벼슬길에 나아가면 일정한 직책을 맡게 된다. 한 고을을 다스릴 수도 있고 형벌을 관장할 수도 있으며 예산을 세우거나 집행할 수도 있다. 두 번째 구절인 '攝職從政섭직종정'에서 '攝職섭직'은 이런 직책을 맡는 것이다. 맡은 바 직책을 수행하는 것이 곧 다스림이고 넓은 의미에서의 '정치[政]'일 것이다. 그런데 주흥사는 職과 政을 분리하여 직책을 맡게 되면 그 일을 수행하는 것에서 한 걸음 더 나아가 '從政종정', 즉 '정치에 종사하라'고 강하게 주문한다.

'政'은 '正정'과 '攴복'으로 이루어져 있다. 攴은 손에 막대기를 들고 있는 모습을 나타낸 글자이고, 正은 바르다는 뜻의 글자다. 이 구성을 따라 의미를 만들어 보면, '정치[政]'는 손에 막대기 같은 것을 들고 바르게 되도록 만드는 것이다.

바르게 만든다는 것은 구체적으로 무엇을 말하는 것이고, 누구를 바르게 만든다는 것일까. 앞 강에서 이야기했던 『논어·안연顏淵』에서 "군주는 군주다워야 하고, 신하는 신하다워야 하며, 아버지는 아버지다워야 하고, 아들은 아들다워야 한다"라고 한 구절을 떠올리면, '政'은 관계 속에서 얻게 되는 이름에 걸맞게 행동하고 그 윤리를 지키는 것이다. 또한 그렇게 살아갈 수 있도록 백성을 먹여주고 지켜주고 그들에게 신뢰를 얻는 것이다.[4] 이것이 바르게 만드는 일이다.

그렇지만 '政'은 여기에 머물지 않는다. 『논어』에서는 백성을 바르게 만들기 위해 위정자가 솔선수범하여 바르게 살아야 함[5]을 거듭 강조하고 있기 때문이다. 스스로를 바르게 만든다는 점에서는 벼슬길에 오른 지식인도, 군주도 예외가 될 수 없다.

【주석】

1 『설문해자』 제8편 '人'부: "우(優)는 넉넉하다는 뜻이다(優, 饒也.)"
2 『논어·학이(學而)』: "學而時習之, 不亦說乎?"
3 『논어·자장(子張)』: "子夏曰, 仕而優則學, 學而優則仕."
4 『논어·안연』: "자공(子貢)이 정치에 대해 묻자 공자가 이렇게 말했다. '먹을 것을 넉넉하게 해주고, 군비도 풍족하게 해놓고, 백성들이 윗사람을 믿도록 하는 것이다.'(子貢問政, 子曰, 足食, 足兵, 民信之而矣.)"
5 『논어·안연』: "계강자(季康子)가 공자에게 정치에 대해 묻자 공자가 이렇게 대답했다. '정치를 뜻하는 政은 무엇인가를 바르게 한다는 正의 뜻입니다. 군주인 당신이 백성들을 바른 모습으로 이끈다면 어느 누가 감히 바르지 않겠습니까?'(季康子問政於孔子, 孔子曰, 政者, 正也. 子帥以正, 孰敢不正?)"

◈ 고문자 설명

갑골문	소전	배울 학

學의 갑골문은 산수를 가르칠 때 사용하는 막대기 같은 것을 두 손으로 붙잡고 있는 모습이다. 소전에서는 아랫부분에 집과 아이의 모습이 더해졌다. 집을 나타내는 글자는 갑골문에서도 보이고, 아이의 모습은 금문에서부터 보인다. '배움'의 내용에서부터 배움의 장소, 마지막으로 배움의 대상이 덧붙여져서 지금의 글자가 되었다.

갑골문	소전	오를 등

登의 소전은 사람의 두 발을 표현한 '癶(발)'과 '豆(두)'로 구성되었다. 이 글자에서 豆는 수레를 탈 때 밟고 올라서는 걸상이다. 갑골문은 豆의 아랫에 두 개의 손이 있는데, 이것은 걸상이 움직이지 않도록 손으로 붙잡는다는 뜻이다. 『설문』에서는 이 글자를 수레에 오른다는 뜻으로 풀이했다. 그러나 豆를 제기(祭器)로 보고, 제기를 들고 가서 제사상에 올린다는 해석도 있다.

금문	소전	따를 종

從의 금문은 앞뒤로 바짝 붙어 있는 두 사람을 상형한 것이다. 이것으로 앞 사람을 따른다는 뜻을 나타냈다. 이 단순한 자형에 먼저 사거리를 뜻하는 '行(행)'자의 왼쪽 부분을 더하고, 다시 발바닥을 뜻하는 '止(지)'를 더해서 의미를 명확하게 표현했는데, 소전에서는 그 둘이 합해져 '辵(착)'으로 구성된 글자가 되었다. 해서는 다시 옛 자형으로 돌아가 모든 구성성분을 분리해서 쓴다.

갑골문	소전	정치 정

政은 갑골문부터 해서까지 모두 '正(정)'과 '攵(복)'으로 구성되었다. 攵은 손에 막대기를 들고 있는 모습이다. 막대기로 쳐서 바로잡는다는 뜻을 표현했다. 지금은 正을 '바르다'는 추상적인 의미로 사용하지만, 갑골문에서는 어떤 지역을 향해 나아가는 발바닥을 그린 것이었다. 즉, 어떤 지역을 정벌한다는 뜻이다. 따라서 政은 본래 정복한 지역을 무력으로 잘 다스린다는 의미이며, 여기에서 '정치'라는 의미가 파생되었다.

學優豋仕　攝職從政

제40강

存以甘棠 去而益詠
존이감당 거이익영

기억해야 하는 것

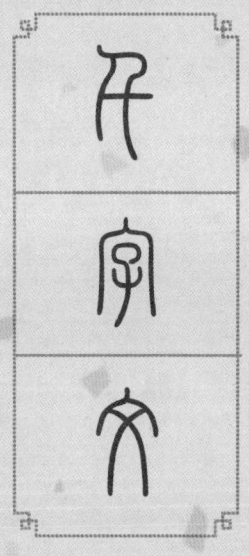

> 소공 석이 선정을 베풀었던 팥배나무를 잘 보존하고
> 그가 세상을 떠나자 그 업적을 더욱 노래했다.

이 강은 역사적 사실을 예로 들어 앞의 내용을 정리하고 있다. 즉, 한 사람이 배움을 통해 부단히 스스로를 성장시켜 관직에 나가 정사를 맡게 되었을 때, 어떤 관리가 되어야 하는지를 소공召公 석奭이라는 모범적 인물을 제시하여 보여주고 있다.

소공 석은 주周나라를 세운 무왕武王과 나라의 기틀을 마련한 주공周公의 동생이다. 주나라가 상商나라를 멸한 후, 소공은 동북 변방을 다스릴 제후로 임명되어 연燕나라의 왕이 되었다. 무왕이 죽고 그의 어린 아들이 왕위에 오르자, 소공은 봉지封地를 아들에게 다스리게 하고 자신은 조카를 보좌하여 주나라 왕의 땅, 그중에서도 섬서陝西 지역을 잠시 맡아 다스렸다.[1]

이 강의 첫 구절 '存以甘棠존이감당'에서 '甘棠감당'은 소공이 바로 그 지역을 다스릴 때 정사를 보던 곳이다. 백성들은 '甘棠', 즉 팥배나무가 있던 그 장소를 그대로 보존함으로써 그를 잊지 않았다. 그뿐만 아니라 소공이 세상을 떠나자, 노래를 지어 부르며 그를 더욱 기리고 그 업적을 칭송했다. 이 노래는 『시경詩經·소남召南』에 '甘棠'이라는 제목으로 다음과 같이 실려있다.

우거진 팥배나무 자르지도 베지도 마라
소백님이 머무르시던 곳
우거진 팥배나무 자르지도 꺾지도 마라
소백님이 쉬시던 곳
우거진 팥배나무 자르지도 휘지도 마라
소백님이 지내시던 곳[2]

팥배나무는 甘棠을 옮긴 것이고, 소백召伯은 소공 석을 가리킨다. 이 시에서는 팥배나무를 '자르지도, 베지도', '꺾지도', '휘지도' 말고 그대로 남겨두라고 한다. 왜냐하면 그 나무는 소공이 머물고 쉬고 정사를 베풀던 곳, 다시 말해 소공의 행적과 밀착된 장소이기 때문이다 수공은 이 팥배나무 아래에서 백성이 말하는 고충을 직접 듣고 민원을 해결하여 백성이 편안하게 살아가도록 정사를 돌보았다. 백성은 소공을 그리워하며 그 팥배나무를 고스란히 보존하였고, 그가 죽은 후에도 노래를 지어 부르며 선정을 베풀었던 그를 기렸다.[3]

이 일화는 당대에만 머물지 않고 중국의 역사 속에서 면면히 기억되고 변주되었다. 송宋나라 때인 1211년에 출판된 『당음비사棠陰比事』라는 책 역시 소공을 기리고 있다. 책 제목인 '당음棠陰'에서 '棠당'은 바로 『시경·소남』의 '甘棠'을 가리키고, '陰음'은 '그늘'이다. 따라서 '棠陰당음'은 '팥배나무가 드리운 그늘'이란 뜻이다. '비사比事'는 다양한 사건을 유사한 주제별로 분류하였다는 뜻이다. 이 책은 144건에 달하는 각종 사건의 판결 과정을 모은 판례집으로, 솔로몬의 재판에 비견될 만한 합리적이고 현명한 판결이 수록되어 있다. 판관은 '지극한 정성으로 억울한 백성을 불쌍히 여기는 [至誠哀矜]'자세를 견지하며, 명쾌한 통찰력을 바탕으로 증거와 증언을 꼼꼼히 수집하고 분석하여 진범을 잡아 사건을 해결한다.[4] 그러니까 그들은 소공이라는 팥배나무가 드리운 큰 그늘에 자리한, 소공의 후예들인 셈이다.

역사를 통해 기억하고 되새겨야 하는 것이 모범적인 선례만은 아니다. 중국의 역사서에는 경계해야 할 사건과 인물, 비극적인 전쟁과 재난의 참상도 상세히 기록하여 남기고 있다. 제齊나라를 춘추시대 강대국의 반열에 올려놓았던 환공桓公은 재위 말년, 간신들의 부도덕한 과잉 충성에 빠지는 어리석은 군주로 전락했다. 예를 들어, 환공은 자신의 미각을 충족시키기 위해 어린 아들을 쪄서 바친 요리사 역아易牙와 같은 간신을 총애했다. 결국 제나라는 혼란에 빠지고, 환공 자신도 비참한 죽음을 맞이했다.[5]

'떨어지는 꽃'이라는 아름답고 애잔한 이름으로 남게 된 부여의 '낙화落花암'[6]에도 역사적 비극이 깃들여 있다. 낙화암은 백제가 신라와 당나라 연합군에게 무너지자, 포로로 잡히거나 노비가 될 운명에 처한 궁녀들이 스스로 강물에 몸을 던졌다고 전해지는 곳이다. 통치자가 백성을 보살피고 지키지 못했을 때, 가장 힘없는 백성이 스스로를 지키고자 어떤 방식을 선택했는지 보여주는 먹먹한 현장이다.

이처럼 모범적인 선례도 고통스러운 사건도 모두 역사로 기억되어야 한다. 그것이 우리를 더 나은 미래로 이끄는 새로운 길이 될 것이다.

【주석】

1 『사기·연소공세가(燕召公世家)』

2 『시경·소남·감당』: "蔽芾甘棠, 勿翦勿伐, 召伯所茇. 蔽芾甘棠, 勿翦勿敗, 召伯所憩. 蔽芾甘棠, 勿翦勿拜, 召伯所說." 이 노래는 『사기·연소공세가』에도 실려있다. 소백(召伯)이 누구인지에 대해서는 설이 분분하다. 『사기』의 저자인 사마천은 소백을 소공 석으로 보았으나, 소백이 소공 석이 아니라 소호(召虎)라는 견해도 있다. 여기서는 『사기』의 기록을 따랐다.

3 『사기·연소공세가』: "소공이 죽자 백성들은 소공의 정치를 생각하며 팥배나무를 감히 베지 않고 그를 그리워했으며, 그를 기리는 노래를 불렀으니 '팥배나무'라는 시이다.(召公卒, 而民人思召公之政, 懷棠樹不敢伐, 歌詠之, 作甘棠之詩.)"

4 『당음비사(棠陰比事)』, 계만영(桂萬榮) 편찬, 박소현·박계화·홍성화 옮김, 세창출판사, 2013

5 『좌전(左傳)·희공(僖公)』과 『사기·제태공세가(齊太公世家)』에 관련 기록이 있다. 『사기·제태공세가』: "관중(管仲)의 병이 깊어지자 환공이 물었다. '신하들 중 누가 재상이 될 만하오?' 관중이 '신이 알기로는 군주만 한 사람이 없습니다.'라고 답했다. 환공이 물었다. '역아(易牙)는 어떻소?' 관중이 대답했다. '자식을 죽여 군주의 비위를 맞추었으니 인지상정에 어긋나 안 됩니다.' 환공이 물었다. '개방(開方)은 어떻소?' 관중이 대답했다. '부모를 배반하고 군주의 비위를 맞추었으니 인정에 어긋나 가까이하기 어렵습니다.' 환공이 물었다. '수도(豎刀)는 어떻소?' 관중이 대답했다. '궁형을 자청하여 군주의 비위를 맞추었으니 인정에 어긋나 가까이하기 어렵습니다.' 관중이 죽자 환공은 관중의 말을 듣지 않고 끝내 세 사람을 기용하니 세 사람이 권력을 휘두르게 되었다.(管仲病, 桓公問曰, 群臣誰可相者? 管仲曰, 知臣莫如君. 公曰, 易牙如何? 對曰, 殺子以適君, 非人情, 不可. 公曰, 開方如何? 對曰, 倍親以適君, 非人情, 難近. 公曰, 豎刀如何? 對曰, 自宮以適君, 非人情, 難親. 管仲死,

而桓公不用管仲言, 卒近用三子, 三子專權.)" 이들은 환공이 병이 들자 각각 무리를 지어 권력을 다투었다. 환공은 관중의 충고를 듣지 않은 것을 후회하며 죽었고, 그 시신은 구더기가 기어나올 때까지 방치되었다. 역아의 이야기 역시 여러 전적에 기록되어 전하는데 『관자(管子)·소칭(小稱)』에 실린 이야기를 소개하자면 다음과 같다. "(관중이 말하였다.) 역아는 요리로 군주를 섬겼습니다. 군주께서 '아기 삶은 요리는 아직 먹어보지 못했다'고 하니, 그는 자신의 맏아들을 삶아서 군주에게 바쳤습니다. 사람의 정(情)은 자기 자식을 사랑하지 않을 수 없는 것인데, 자식도 사랑하지 않는 사람이 어떻게 군주를 진정으로 아끼겠습니까? (夫易牙以調和事公. 公曰, 惟烝嬰兒之未嘗, 於是烝其首子而獻之公. 人情非不愛其子也, 於子之不愛, 將何有於公?)"

6 고려 말까지는 '타사암(墮死巖)', 그러니까 '자살 바위'라고 불렸다. 『삼국유사(三國遺事)·기이(紀異)』「태종춘추공(太宗春秋公)」: "『백제고기(百濟古記)』에 이르기를 '부여성(扶餘城) 북쪽 모서리에 큰 바위가 있는데, 바위 아래는 강물과 맞닿아 있다. 전해지는 말에 따르면 의자왕과 여러 후궁들이 화를 면하지 못할 것을 알고 '차라리 자진을 할지언정 남의 손에 죽지 않겠다.'라고 하면서 서로 이끌고 이곳에 이르러 강에 몸을 던져 죽었으므로 타사암(墮死巖)이라 부른다고 했으나, 이것은 속설이 와전된 것이다. 궁인들은 그곳에서 떨어져 죽었지만 의자왕은 당나라에서 죽었으니 『당사(唐史)』에 분명히 기록되어 있다.(百濟古記云, 扶餘城北角有大巖, 下臨江水. 相傳云, 義慈王與諸後宮, 知其未免, 相謂曰, 寧自盡不死於他人手, 相率至此投江而死, 故俗云墮死巖, 斯乃俚諺之訛也. 但宮人之墮死, 義慈卒於唐, 唐史有明文.)"

◆ 단옥재段玉裁와 『설문해자주說文解字注』

단옥재(1735~1815)는 청대清代 학자로 자는 약응若膺, 호는 무당懋堂이다. 대진戴震(1724~1777)을 만나 그 제자가 되었고, 특히 소학小學과 음운학音韻學에 정통했다. 저서로 『설문해자주』 외에 『고문상서찬이古文尙書撰異』, 『모시고훈전毛詩故訓傳』, 『시경소학詩經小學』 등이 있다. 그의 『설문해자주』는 1780년부터 1808년까지 총 30여 년을 들인 역작이다. 청대 저명한 학자 왕념손王念孫(1744~1832)은 허신 이후 "1,700년 동안 이와 같은 저작은 없었다"고 극찬했을 정도로, 단옥재가 직접 허신을 계승한다는 것을 곧바로 인정하였다.

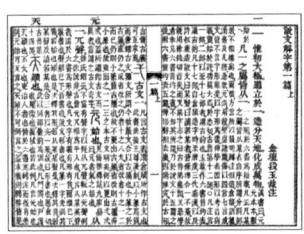

『설문해자주』 경운루본經韵樓本

단옥재는 청대 이전의 모든 『설문해자』 판본을 교감한 바탕 위에, 정확하고 조리 있는 『설문』 해석의 범례를 만들었다. 그의 작업은 이전의 『설문』 연구를 종합하면서도 뛰어넘는 것이었기 때문에 이후의 『설문』 연구가 단옥재의 주석을 뛰어넘기가 어렵다고 말해질 정도다. 『설문해자주』 중에서 가장 좋은 판본은 단옥재의 경운루經韵樓에서 판각한 것이다.

◈ 고문자 설명

갑골문	소전	써 이

以의 갑골문은 사람이 손에 무언가를 가지고 있는 모습이다. 『설문』에서 이 글자를 '쓰다[用]'라는 뜻으로 풀이한 것을 보면, 손에 가진 것으로 일을 한다는 의미일 것이다. 여기에서 파생되어 '~을 써서', '~을 가지고', '~ 때문에' 등의 조사적 용법이 생겨났고, 후에는 주로 이런 의미로 쓰이는 글자가 되었다. 소전부터 해서에 이르기까지 자형의 변화가 크지만, 가만히 보면 여전히 '人(인)'의 자형을 찾을 수 있다.

갑골문	소전	달 감

甘의 갑골문과 소전은 모두 입 안에 가로획을 그려 놓은 모양이다. 입 안에 어떤 것이 들어있다는 표현인데, 그것은 맛있는 것일 가능성이 높다. 그렇지 않으면 입안에 오래 담아두지 못하고 뱉거나 삼키기 때문이다. 고생 끝에 낙이 온다는 뜻의 '고진감래(苦盡甘來)'라는 성어가 있다. 고통이나 즐거움을 모두 맛으로 표현한 것이 재미있다.

去의 갑골문은 ㅂ 으로 표현된 어떤 공간을 사람이 훌쩍 건너뛰거나 벗어나는 모습을 상형한 것이다. 소전에서는 아랫부분의 가로획이 없어져 구덩이를 뜻하는 'ㄴ(감)'처럼 변했다. 그래도 여전히 구덩이를 건너뛴다는 뜻으로 이해할 수 있다. 그런데 해서는 이 부분이 'ㅿ(사)'로 바뀌고, 사람도 '土(토)'로 변해서 본래의 모습을 거의 찾아볼 수 없게 되었다.

而는 한문에서 앞 문장과 뒷 문장을 이어주는 접속사로 사용되는 글자다. 그 자체로는 의미가 없고, 문맥에 따라 '그러나'로 쓰일 수도 있고 '그리고'로 쓰일 수도 있다. 그런데 갑골문은 본래 사람의 턱 아래 길게 수염이 난 모습을 상형한 것이다. 본래는 턱수염을 뜻하는 글자였는데, 접속사로 가차된 것이다. 본래 의미는 사람의 머리털과 관련된 부수 '髟(표)'를 더하여 새로 '鬚(턱수염 이)'자로 나타냈다.

掃碼看本書 詳細介紹

제41강

樂殊貴賤 禮別尊卑
악수귀천 예별존비

다름을 이해하기

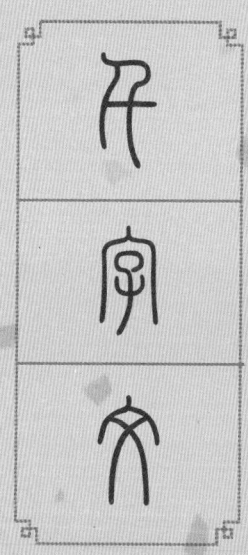

> 음악은 귀천에 따라 다르고
> 예는 존비에 따라 구별된다.

이 강부터는 공동체 내에서 구성원 간의 관계 맺음 방식을 이야기한다. 사람은 무리 지어 살아가는데, 무리 지어 살다 보면 다툼과 혼란이 발생하기 마련이다. 다툼과 혼란이 생겨나지 않도록 공동체에 질서를 부여해 주는 유가적 해석 틀이자 행위 방식이 바로 '禮예'이다.

그리고 禮는 '樂악', 즉 음악과 함께 거론되는 경우가 많다. 공자는 "『시경詩經』의 시에서 감흥을 일으키고, 禮에서 행동의 기준을 세우며 樂에서 인격을 완성한다"[1]라고 했고, 『예기禮記·악기樂記』에서는 君臣民事物군신민사물을 고대 중국 음악의 기본 음률인 宮商角徵羽궁상각치우에 하나씩 대응시키며 사회적 질서와 음의 조화를 나란히 비교했다.[2] 『천자문』에서도 윗사람과 아랫사람, 부부, 동기 등과 같이 사람들 간의 관계 맺음을 이야기하기에 앞서 樂과 禮로 근본적인 기준을 제시하고 있는 듯하다.

이 강은 의미상으로도 구형상으로도 두 구절이 대칭을 이룬다. 첫 구의 '樂악'과 둘째 구의 '禮예'처럼 첫 구의 '殊수'와 둘째 구의 '別별', 첫 구의 '貴賤귀천'과 둘째 구의 '尊卑존비'가 각각 짝이 되는 셈이다. 짝을 이루는 글자들을 따라 읽어가 보기로 하자.

먼저, 첫 구의 '殊수'는 의미 성분인 '歹알'자와 발음 성분인 '朱주'자로 이루어졌다. '歹'은 뼈를 나타내는 글자다. 그래서 殊는 '죽다'라는 뜻[3]이었는데, 이로부터 '다르다'라는 의미가 파생되었다. '別별'자 역시 뼈를 나타내는 '冎과'자와 칼을 상형한 '刀도'자로 이루어진 글자다. 冎는 '骨골'자에서 아랫부분에 있는 月, 즉 살코기를 상형한 肉육이 탈락된 것이니 살이 떨어져 나간 뼈다. 따라서 別은 살이 붙어 있는 뼈에서 칼로 살을 발라내는 것, 즉 분해하다는 뜻[4]을 갖게 되었고 이로부터 '떨어져 나가다', '이별하다', '구별하다'는 의미가 파생되었다.

다음으로 '貴賤귀천'과 '尊卑존비'는 모두 대립 개념들로 이루어져 있다. 한자어에서는 '尊貴하다' '卑賤하다'라고 해서

'尊'자와 '貴'자가 모두 지위의 높음을, '卑'자와 '賤'자가 모두 지위가 낮음을 뜻하는 말로 사용된다. 원래 貴賤은 돈과 관련된 글자였다. '貴'자의 아랫부분과 '賤'자의 왼쪽 부분에 조개를 상형한 '貝패'자가 보이는데, 고대 중국에서는 조개를 화폐로 사용했다. 따라서 貴자는 '값이 비싸다'라는 뜻에서부터 '지위가 높다'는 의미가 생겨났고, 賤자는 '값이 싸다'라는 뜻에서부터 '지위가 낮다'라는 의미로 파생되었다. 賤자의 왼편에 있는 '戔전/찬'자에 '적다'는 뜻이 있기 때문이다. '尊'자는 사회적 지위가 높음을, 반대로 '卑'자는 사회적 지위가 낮음을 뜻하는 글자다.

이 강의 두 구절은 樂과 禮가 동등한 것이 아니라 차등을 지어주는 것임을 거듭 이야기한다. 차등은 존귀와 비천, 즉 사회적으로 지위가 높고 낮음이나 '長幼장유', 즉 나이가 많고 적음과 같은 사회적 관계 속에 존재하는 위치이며, 그에 따라 각각 역할과 행위도 달라진다. 그뿐만 아니라 제례祭禮나 상례喪禮와 같이 고대 중국에서 중요하게 여겼던 의례의 내용과 절차도 달라졌다.[5] 이렇게 볼 때 禮는 각자가 자리한 사회적 위치와 역할이 다름을 인정하는 바탕 위에 짜여진 수직적 질서다.

그런데 첫 구절에서 풀이한 것처럼 음악이 차등적이라는 말은 어떤 의미일까. 음악은 누구나 즐기고 누릴 수 있는 예술이자 문화가 아닌가. 고대 중국에서 '樂'이라고 지칭했던 음악은 여러 악기의 합주일 뿐 아니라, 어떤 경우에는 다양한 도구를 활용한 무용까지 아울렀다.[6] 그렇다면 음악을 연주하는 데는 생각보다 많은 인원과 비용이 필요했을 것이다. 첫 구절에서 '樂殊貴賤악수귀천'이라고 하여 음악에 '貴賤'이라는 차등을 둔 이유는 바로 이런 면을 염두에 둔 게 아니었을까.

고대 중국 사회에서 음악은 사람 사이의 조화를 이루도록 안내하고 북돋우는 유용한 매개이자 그 시대와 사회의 질서를 그대로 투영하는 거울 같은 것이기도 했다. 사회적 질서에 차등이 있듯이 음악에도 그 나름의 차등이 있다. 공동체의 구성원들이 각자 위치한 서로 다른 자리에서 이탈하지 않고 관계 속에서 맡겨진 역할을 해내는 것은, 각양각색의 악기에서 연주되는 서로 다른 음색의 무수한 음들이 이탈하거나 박자를 놓치지 않고 아름답고 완벽한 하모니를 만들어내는 것과 동일하다.

【주석】

1 『논어·태백(泰伯)』: "子曰, 興於詩, 立於禮, 成於樂."
2 『예기·악기』: "궁성(宮聲)은 군주가 되고 상성(商聲)은 신하가 되고 각성(角聲)은 백성이 되며, 치성(徵聲)은 사(事)가 되고 우성(羽聲)은 물(物)이 된다. 이 다섯 가지가 어지럽지 않으면 소리가 어울리지 않고 가락이 맞지 않는 음이 없게 될 것이다.(宮爲君, 商爲臣, 角爲民, 徵爲事, 羽爲物. 五者不亂, 則無怗懘之音矣.)"
3 『설문해자』 제4편 '歹(알)'부: "殊, 死也."
4 『설문해자』 제4편 '冎(과)'부: "剮, 分解也."
5 『순자(荀子)·악론(樂論)』: "천자(天子)의 상(喪)은 온 세상을 움직이며 제후(諸侯)들이 모여 장례를 치룬다. 제후의 상은 여러 나라들을 움직이며 대부(大夫)들이 모여 장례를 치룬다. 대부의 상은 한 나라를 움직이며 훌륭한 사(士)들이 모여 장례를 치룬다. 훌륭한 사의 상은 한 지역을 움직이며 친구들이 모여 장례를 치룬다. 서민들의 상은 여러 마을이 움직이며 한 집안과 마을 사람이 모여 장례를 치룬다.(天子之喪動四海, 屬諸侯. 諸侯之喪動通國, 屬大夫. 大夫之喪動一國, 屬脩士. 脩士之喪動一鄕, 屬朋友. 庶人之喪, 合族黨, 動州里.)"
6 『예기·악기』: "대체로 음(音)이 일어나는 것은 사람의 마음으로 인하여 생긴다. 사람의 마음이 움직이는 것은 외물(外物)이 그것을 그렇게 만든 것이다. 외물에 감응하여 마음이 움직이므로 소리[聲]에 나타난다. 그 소리들이 서로 반응하므로 변화를 낳으니 변화가 반듯함을 이루는 것을 음(音)이라고 일컫는다. 음을 나란히 배열하여 연주를 하는데, 춤추는 도구인 방패와 도끼, 깃털과 깃대 장식에 이르는 것을 악(樂)이라고 일컫는다.(凡音之起, 由人心生也. 人心之動, 物使之然也. 感於物而動, 故形於聲. 聲相應, 故生變, 變成方, 謂之音. 比音而樂之, 及干戚羽旄, 謂之樂.)"

◈ 고문자 설명

갑골문		소전		음악 악

樂의 갑골문은 나무 위에 줄 두 개가 달린 모양으로, 현악기를 표현한 것이다. 소전에는 '白(백)'이 들어 있는데, 白은 본래 사람의 엄지손가락을 상형한 글자다. 즉, 손가락으로 악기의 줄을 연주한다는 의미에서 첨가되었다. 樂은 음악이라고 할 때는 '악'으로 읽고, 즐겁다는 뜻에서는 '락'으로 발음한다. 또 좋아한다는 뜻일 때는 '요'로 읽어야 한다.

전국문자		소전		귀할 귀

貴의 아랫부분은 고대에 화폐로 쓰였던 '貝(조개 패)'다. 전국문자와 소전을 보면, 貴의 윗부분은 발음성분인 '臾(유)'자인데, 해서에서 이것이 잘못 변해서 본 모습을 알 수 없게 되었다. 본래 물건의 값이 비싸다는 뜻인데, 의미가 확대되어 지위가 높고 고귀하다는 뜻도 나타냈다.

| 갑골문 | 소전 | 예의 례 |

禮는 제단을 의미하는 '示(시)'와 발음 성분인 '豊(례/풍)'로 구성된 형성자다. 그러나 갑골문을 보면 示는 나중에 더해졌고, 豊 만으로 예의를 나타냈다는 것을 알 수 있다. 갑골문은 북을 상형한 '壴(주)' 위에 두 개의 옥 꾸러미가 있는 모습이다. 이는 고대에 북을 치고 옥을 바치며 의례를 행했던 풍습을 표현한 것이다.

| 금문 | 소전 | 낮을 비 |

『설문』에서는 이 글자를 왼손을 의미하는 '屮(좌)'와 '甲(갑)'으로 구성된 회의자로 분석하고, 일을 집행하는 천한 신분을 나타낸다고 설명했다. 그러나 卑의 금문은 甲이 아니라 자루가 달린 기구를 손으로 잡고 있는 모습으로 보인다. 이것은 기구를 가지고 일을 한다는 의미일 것이다. 옛날에는 신분이 낮은 사람이 이런 일을 했기 때문에, 이것으로 '비천하다'는 의미를 나타냈다.

樂екъ貴賤 禮別尊卑

제42강

上和下睦 夫唱婦隨
상화하목 부창부수

아름다운 노래를
함께 부르는 것

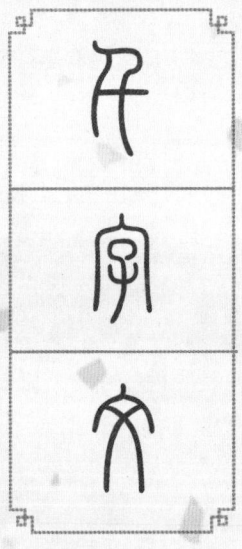

> 윗사람이 화합하면 아랫사람이 공경하고
> 남편이 앞서면 아내가 뒤따른다.

이 강에서는 앞 강에서 언급한 '예禮'를 기반으로 공동체 내의 사람들이 맺는 이상적인 관계를 그려냈는데, 윗사람과 남편이 각각의 관계에서 방향타와 같은 핵심적 역할을 하는 것으로 읽힌다. 고대 사회는 동서양을 막론하고 위계적 질서로 이루어 졌다는 점을 감안하고 이 강의 구절을 읽어보자.

첫 구절인 '上和下睦상화하목'은 윗사람이 화합하면 아랫사람이 공경한다고 풀이할 수 있다. 이 구절은 '上和'와 '下睦'이 주어와 술어, 즉 '上이 和하다', '下가 睦하다'라는 구조이다. 또한, 주어에 자리한 '上下상하'와 술어에 자리한 '和睦화목'은 우리말에서 '상하관계', '화목하다'와 같은 한자어로 사용하기도 한다. 각 글자의 풀이를 차례대로 하지 않고, 上과 下 그리고 和와 睦의 순서에 따라 살펴보자.

上자와 下자의 고문자를 보면, 각 글자는 기준이 되는 가로선 위와 아래에 각각 짧은 가로획을 더해 만든 글자다. 이로써 기준을 중심으로 '위'와 '아래'에 있다는 추상적인 개념을 나타냈다. '上和下睦'에서 上과 下는 '위에 위치한 사람'과 '아래에 위치한 사람'이라는 의미로 쓰였다. 예를 들어, 君臣군신은 군주가 윗사람이고 신하가 아랫사람이며, 長幼장유는 나이가 많은 사람이 윗사람이고, 어린 사람이 아랫사람이다.

和화자와 睦목자는 '화목하다'라는 한자어로 많이 사용된다. 和는 '화합하다', '조화를 이루다'라는 뜻이다. 睦은 '공경하다'라는 뜻으로, 『설문해자』에서는 이 글자를 "눈빛이 순한 것이다"라고 풀이했다.[1]

다음 구절인 '夫唱婦隨부창부수'를 살펴보자. 이 구절 역시 앞 구절과 동일한 구조로 이루어져 있다. 夫자와 婦자를 먼저 보면 이 두 글자는 '夫婦부부', 즉 남편과 아내를 말한다. 唱창은 '노래하다'라는 뜻이고 隨수는 '따르다'라는 뜻이다. 따라서 夫唱婦隨는 '남편이 선창하면 아내가 남편을 따라서 노래 부른다'로 해석할 수 있다. 또한 唱에는 '이끌어주다'라는 뜻도 있으니[2] 남편이 앞장서서 이끌어주면 아내가 뒤따른다는 해석도 가능하다.

사실 이 강에서 흥미로운 점은 구와 구를 연결하는 다양한 해석의 가능성이다. 첫 구인 '上和下睦'의 경우, '下睦'의 대상을 누구로 보고 '上和'와 '下睦'을 어떻게 연결하느냐에 따라 비슷하면서도 결이 다른 몇 가지로 해석할 수 있다.

앞서 '上和下睦'을 '윗사람이 화합하면 아랫사람이 공경한다'라고 풀이했다. '下睦'의 대상을 '윗사람'으로 보면, 아랫사람이 윗사람을 공경한다는 의미이다. 윗사람이 화합하는 관계를 맺어서 모범이 되면, 아랫사람은 그것을 보고 순한 눈빛으로 윗사람을 대하게 된다. 이때 '下睦'은 아랫사람이 윗사람을 대하는 마음가짐과 태도이다.

그런데 '下睦'의 대상이 '아랫사람'이 될 수는 없을까. 관계는 수직과 수평이 종횡으로 얽혀 짜여지므로 아랫사람은 윗사람뿐 아니라 아랫사람인 그들끼리도 관계를 맺는다. '下睦'의 대상을 '아랫사람'으로 보면, 윗사람이 화합하면 아랫사람이 그것을 본받아 '그들끼리' 순한 눈빛으로 서로를 대한다는 의미가 된다. 이때 '下睦'은 수평적 관계에서 발현되므로 아랫사람들이 서로를 대하는 마음가짐과 태도이다.

내친김에 두 번째 구인 '夫唱婦隨'도 다르게 읽어 보고 싶어진다. 이 강은 첫 구에 상하 관계를 그리고 두 번째 구에 부부 관계를 배치함으로써, 부부 관계 역시 자연스럽게 상하 관계로 받아들이기 쉽다. 윗사람과 아랫사람 그리고 남편과 아내가 위계적 질서를 기반으로 맡은 역할이 있고, 그에 따라 경중과 선후가 정해진 듯해 보인다. 그런데 부부 관계가 과연 기능적이고 위계적이기만 할까.

두 번째 구에서는 이상적인 부부 관계를 '唱', 즉 '노래하기'에 비유한다. 여기에서 노래는 독창이 아니라 합창이다. 합창의 관건은 한 사람의 뛰어난 가창력이 아니라 음색이 다른 소리'들'과 그 다채로운 음'들'의 어우러짐이다. 따라서 함께 노래하는 사람 간의 호흡과 조화가 무엇보다 중요하다. 그렇다면 '夫唱婦隨'에서 이야기하는 관계는 남편이 일방적으로 무엇인가를 하면, 아내가 순종적으로 그것을 따르는 것이 아닐 것이다. 그 모습을 상상하자면, 서로가 내는 소리에 귀 기울인 채 소리의 강약과 음의 높낮이를 그때그때 조율하는 장면과도 같은 것이다.

여러 다른 음들이 어우러진 음악 소리의 조화로움을 나타내는 글자가 바로 '龢화'자다. 왼쪽에 있는 '龠약'자는 피리

와 유사한 악기로 추정되는데 대나무를 각각 길이가 다르
게 잘라 엮어 만들었다. 서로 길이가 다르기 때문에 숨을 불
어 넣을 때 나오는 소리도 다를 수밖에 없다. 그 각각의 소리
가 조화롭게 어우러지는 상태가 '龢'인데, 지금은 이 글자를
'和'자로 쓴다. 따라서 첫 구인 '上和下睦'에서 '和'자를 '화합
하다'라고 풀이할 때도, 각기 다른 음들이 어우러진다는 뉘
앙스가 깔려있다.

이렇게 읽고 보니 첫 구와 둘째 구의 두 번째 글자를 '和'와
'唱'으로 선택한 것이 예사롭지 않다. 엄숙하고 딱딱하게 느
껴지던 상하 관계와 부부 관계의 모습이 경쾌하고 유연하게
다시 그려진다. 주흥사도 이를 염두에 두었던 것이 아닐까.

【주석】
1 『설문해자』 제4편 '目부' : "睦, 目順也."
2 『설문해자』 제2편 '口부' : "唱, 導也."

◈ 고문자 설명

갑골문	소전	윗 상

上의 갑골문은 긴 가로선 위에 짧은 가로선을 두어 '위에 있다'는 추상적인 뜻을 표현했다. 반대 개념인 '下(아래 하)'는 갑골문에서 ⌒ 형태로 쓰였다. 긴 가로선 아래에 짧은 가로선을 두어 아래에 있는 것을 표현한 것이다. 이런 방식으로 글자를 만드는 원리를 지사(指事)라고 한다.

금문	소전	화할 화

和는 의미성분인 '口(구)'와 발음성분인 '禾(화)'로 구성된 형성자다. 지금은 '조화롭다', '화합하다' 등의 뜻으로 사용하지만, 본래는 말로 상대에게 호응한다는 의미이다. 조화를 이룬다는 뜻은 본래 '龢(화)'자로 표현했다. 피리류의 악기를 상형한 '龠(피리 약)'과 발음성분인 禾로 구성되어, 음악 소리가 조화롭다는 뜻을 나타냈다. 그런데 자형이 복잡해서 사용 빈도가 낮아졌고, 결국 和자로 대체되었다.

夫는 정면으로 선 사람을 표현한 '大(대)'자 위쪽에 짧은 가로선을 더한 지사자(指事字)다. 윗부분에 더해진 가로선은 비녀를 표현한 것이다. 고대에는 남자가 성년이 되면 관례(冠禮)를 치르고, 머리를 틀어 비녀를 꽂는 풍속이 있었다. 따라서 夫의 본래 의미는 성인 남성이다. 여기에서 '남편'이라는 의미가 파생되었다.

婦는 '부부(夫婦)'라는 단어에서는 아내를, '자부(子婦)'라는 단어에서는 며느리를 가리킨다. 즉, 이미 결혼한 여성을 뜻하는 글자이다. '女(녀)'와 손에 빗자루를 든 모습을 표현한 '帚(추)'로 구성되어, 집안에서 빗자루를 들고 청소하는 여성, 또는 집안일을 관장하는 여성이라는 의미를 나타냈다.

上呼下睦 夫唱婦隨

제43강

外受傅訓 入奉母儀
외수부훈 입봉모의

어머니로 살기

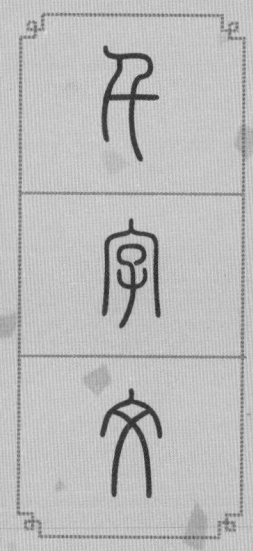

> 밖에 나아가서는 스승의 가르침을 받아들이고
> 집에 들어와서는 어머니의 몸가짐을 받든다.

이 강에서는 본보기로 삼아야 할 것들을 이야기한다. 하나는 스승의 가르침이고, 또 하나는 어머니의 몸가짐이다. 첫 구절부터 살펴보자. '外외'는 밖이고, '受수'는 받는다는 뜻이며, '傅부'는 스승, '訓훈'은 가르침이라는 뜻이다. 그러므로 '外受傅訓'은 밖에서는 스승의 가르침을 받아들인다고 풀이할 수 있다. 밖이란 '대문 밖'이나 '선 밖'과 같이, 무엇에 둘러싸여 있거나 경계가 되는 것에서 벗어난 쪽을 뜻한다. 그 경계를 넘어 들어오면 '안'이 된다. 공간적으로 밖과 안은 대립적이면서도 상호의존적이다.

밖에서 스승의 가르침을 받아들인다면 '안'에서는 무엇을 본보기로 삼을 것인가. 두 번째 구절인 '入奉母儀입봉모의'에서 그 궁금증을 풀 수 있다. '入'자는 '들어오다(가다)'라는 뜻의 글자다.[1] '入'자와 '內내'자의 금문을 함께 살펴보자.

入　　　內

內자는 금문에서 入자를 무언가로 덮어서 공간의 '안'쪽이라는 의미를 나타낸 것 같다. 고문자형에 따라 차이가 있기는 하지만 內자의 금문에서 入자를 덮고 있는 것은 집이다. 따라서 入은 첫 구절의 '밖'과 대비되는 공간인 '안으로', 다시 말해 '집으로 들어온다(간다)'라는 뜻이다.

'奉'은 '두 손으로 받쳐든다'는 구체적 행위에서 '무엇인가를 받든다'는 추상적인 의미로 확장된 글자다. '儀'는 '행동거지'나 '거동'을 뜻하므로, '母儀'는 '어머니의 몸가짐'이다. 두 번째 구절인 '入奉母儀'는 밖에서 안으로, 즉 집에 들어오면 어머니의 몸가짐을 받든다고 풀이할 수 있다.

여기서 물음이 또 꼬리를 물고 이어진다. 고대 중국에서 가족의 기본적인 형태는 대가족이었다. 그래서 집에는 어머니와 아버지를 비롯해 조부모, 형제자매, 아버지의 형제자매, 그리고 그들의 가족까지 여러 사람들이 함께 기주하고 있었을 것이다. 그런데 주흥사는 왜 하필 '어머니'를, 그것도 가르침이 아니라 '몸가짐'을 콕 집어 말한 것일까.

예나 지금이나 어머니는 임신과 출산에서부터 양육에 이르기까지, 오랫동안 자식과 가장 밀착된 유대관계를 형성한다. 따라서 어머니의 일거수일투족은 자식에게 어떤 방식으로든 그림자를 드리우게 된다. 역사적으로 뛰어난 인물의 성장담에 그 어머니의 이야기가 등장하는 것도 그러한 이유에서일 것이다.

맹자孟子의 어머니도 그중 한 사람이다. 한나라의 학자인 유향劉向(B.C.66~B.C.7)은 『열녀전列女傳』을 편찬하면서 맹자 어머니의 일화를 첫 장에 수록했다. 『열녀전』은 후세에 귀감이 되거나 반면교사가 될 만한 100여 명의 여성을 선별하여 장을 일곱 개로 나누어 제목을 달고 관련 일화를 모아놓은 책이다. 이 책 첫 장의 제목이 '母儀'인데, 맹자의 어머니가 바로 이 장에 실려있다.

이 책에는 맹자의 어머니가 자식 교육을 위해 사는 곳을 세 번이나 옮겼다는 '孟母三遷之敎맹모삼천지교'[2]와 '斷機之敎단기지교' 이야기가 실려있다. '단기지교'는 맹자의 어머니가 베틀에 걸어놓고 짜던 옷감을 칼로 끊어버려서 하던 일을 중간에 그만두는 것이 어떤 결과를 초래하는지 몸소 보여주었고, 맹자는 이로부터 학업에 매진하여 유명한 학자가 되었다는 일화[3]를 담은 성어이다.

이 밖에도 맹모와 맹자에 관한 재미있는 이야기가 여러 책에 기록되어 전해진다. 그중에서 『한시외전韓詩外傳』에 전하는 부모와 자식 간의 신의에 관한 이야기를 하나 읽어보자.

맹자가 어렸을 때 동쪽에 있는 집에서 돼지 잡는 것을 보고 어머니에게 물었다.
"동쪽 집에서는 뭐 하려고 돼지를 잡습니까?"
"너에게 먹이려고 잡지."
맹자의 어머니는 이렇게 말하고 나서 후회했다.
"내가 이 아이를 가졌을 때 자리가 바르지 않으면 앉지 않았고, 음식이 반듯하게 잘리지 않으면 먹지 않았으니 태교를 위한 것이었어. 이제 아이가 도리를 분별하게 되었는데 내가 거짓말을 했구나. 이는 아이에게 불신不信을 가르치는 일이야."
맹자의 어머니는 곧바로 동쪽 집으로 가서 돼지고기를 사와 맹자에게 먹여서 자신의 말이 거짓말이 되지 않게 했다. 『시경』에서 "너의 자손들, 대를 이어 번창하기를"이라고 한 말

은, 현명한 어머니가 자식을 현명하게 만든다는 것을 말한 것이다.[4]

맹자의 어머니는 자신의 실언으로 인해 아들이 불신을 배우게 될까 봐, 가난한 형편임에도 고기를 사 와서 맹자에게 먹였다. 어머니가 몸소 신의를 지킴으로써 자연스럽게 자식에게 그것을 알려 준 것이다.

어머니와 자식은 가장 가까운 거리에서 일상을 함께 한다. 그래서 어머니의 사소한 말과 행동은 물이 스며들 듯 자식에게 배어든다. 자식은 태어나면서부터 가르치지 않아도 부모를 따라 배운다. 말로 가르치고 지식으로 가르치는 것도 어려운 일이지만, 행동과 삶으로 가르침을 주기는 더더욱 어려운 일이다. 부모로 살아간다는 것, 특히 어머니로 살아간다는 것은 잘하든 못하든 참으로 힘든 일이 아닐 수 없다.

【주석】

1 『설문해자』 제5편 '入'부: "入, 內也."
2 『열녀전·모의(母儀)·추맹가모(鄒孟軻母)』: "추(鄒)나라 맹가(孟軻)의 어머니로 맹모(孟母)라고 부른다. 그 집이 묘지에서 가까웠다. 맹자가 어렸을 때 묘지를 들락거리면서 무덤을 만들고 시신을 매장하는 놀이를 즐겼다. 맹모가 '여기는 내가 자식을 살게 할 데가 아니구나.'라고 하고는 바로 시장 곁으로 이사를 갔다. 아이는 장사꾼이 물건을 팔며 흥정하는 놀이를 즐겼다. '여기는 내가 자식을 살게 할 데가 아니구나.' 맹모는 이렇게 말하면서 학궁(學宮) 곁으로 다시 이사를 갔다. 그러자 금방 아이가 제기(祭器)를 배열하고, 읍양(揖讓)하는 인사법과 왕 앞에 나아가고 물러나는 예법 놀이를 즐겼다. 맹모는 '참으로 내 자식을 살게 할 곳이구나.'라고 하면서 마침내 그곳에 머물러 살았다. 맹자는 장성하여 육예(六藝)를 배우고, 결국 대유학자라는 명성을 이루었다.
(鄒孟軻之母也, 號孟母. 其舍近墓. 孟子之少也, 嬉遊爲墓間之事, 踴躍築埋. 孟母曰, 此非吾所以居處子也. 乃去舍市傍. 其嬉戲爲賈人衒賣之事. 孟母又曰, 此非吾所以居處子也. 復徙舍學宮之傍. 其嬉遊乃設俎豆揖讓進退. 孟母曰, 眞可以居吾子矣. 遂居之. 及孟子長, 學六藝, 卒成大儒之名.)"
3 『열녀전·모의·추맹가모』: "맹자가 어렸을 때에 공부를 하다가 중간에 집으로 돌아왔다. 맹자의 어머니가 마침 베를 짜고 있다가 물었다. '어디까지 배웠느냐?' 맹자는 '예전과 같습니다.'라고 대답했다. 그러자 맹자의 어머니가 칼로 짜던 베를 잘랐다. 맹자가 두려워하며 그 까닭을 물었다. 맹자의 어머니가 말했다. '네가 공부를 그만두는 것은 내가 이 베를 자른 것과 같다. 모름지기 군자는 배움을 통해 이름을 세우고, 물음을 통해 지식을 넓힌다. 그러므로 평소에는 편안하고 조용하게 지내고, 행동할 때는 재난을 멀리하는 것이다. 이제 공부를 그만두면 남의 부림을 받는 것을 면치 못하고 재앙과 환란에서 벗어날 수 없다. 베를 짜서 먹고 사는 것과 무엇이 다르겠느냐? 베를 짜다가 중도에서 그만둔다면 어떻게 남편과 자식에게 옷을 입히고 먹을 것이 늘 부족하지 않도록 하겠느냐? 여자가 먹여살리는 일을 그만두고 남자가 덕을 쌓는 일을

게을리한다면, 도둑이 되지 않으면 노예가 될 것이야.' 맹자는 두려워하며 밤낮으로 쉬지 않고 열심히 공부했다. 자사(子思)를 스승으로 섬겨 가르침을 받고는 마침내 천하의 유명한 유학자가 되었다.(孟子之少也, 旣學而歸, 孟母方績, 問曰, 學何所至矣? 孟子曰, 自若也. 孟母以刀斷其織. 孟子懼而問其故, 孟母曰, 子之廢學, 若吾斷斯織也. 夫君子學以立名, 問則廣知, 是以居則安寧, 動則遠害. 今而廢之, 是不免於廝役, 而無以離於禍患也. 何以異於織績而食, 中道廢而不爲, 寧能衣其夫子, 而長不乏糧食哉, 女則廢其所食, 男則墮於修德, 不爲竊盜, 則爲虜役矣. 孟子懼, 旦夕勤學不息, 師事子思, 遂成天下之名儒.)"

4 『한시외전(韓詩外傳)』 권9: "孟子少時, 東家殺豚, 孟子問其母曰, 東家殺豚何爲? 母曰, 欲啖汝. 其母自悔而言, 曰, 吾懷娠是子, 席不正不坐, 割不正不食, 胎之敎也. 今適有知而欺之, 是敎之不信也. 乃買東家豚肉以食之, 明不欺也. 詩曰, 宜爾子孫繩繩兮, 言賢母使子賢也."

◈ 고문자 설명

갑골문	소전	바깥 외
卜	外	外

外의 소전과 해서는 '夕(저녁 석)'과 '卜(점 복)'으로 구성되었다. 밤에 밖에 나가는 것이 안전한지 점을 쳐서 물었다는 의미에서 바깥을 의미하는 글자가 되었다. 그러나『설문』에서는 점을 치는 일이 주로 낮에 이루어지는데, 굳이 밤에 점을 치는 것은 예외적인 일이라고 설명하며, 이 글자를 '멀다(遠)'라는 의미로 풀이했다.

갑골문	소전	받을 수

受의 갑골문은 나룻배를 가운데 두고 위아래에 손이 있는 모습이다. 고대에 나루터에서 물건을 교환하거나 매매했던 일을 표현한 것으로, 소전에서는 배의 모양이 잘못 변해서 본래의 의미를 알아볼 수 없게 되었다. 受는 본래 주는 행위와 받는 행위 모두를 의미했는데, 나중에 분화되어 '주다'라는 뜻일 때는 '授(수)'자를 쓰고, '받는다'는 뜻일때는 受자를 쓰게 되었다.

奉의 금문은 두 손으로 어떤 물건을 받쳐 든 모습을 상형했다. 소전에서는 의미를 명확하게 하기 위해 '손(手)'을 하나 더 첨가했다. 소전의 윗 부분은 손으로 받쳐 들고 있는 물건으로 생각하기 쉬운데, 사실은 발음을 나타내는 '丰(봉)'자다. 사물을 받드는 구체적인 행위에서 시작해서 정신적 가르침이나 마음속으로 명령을 따르는 일까지 나타내는 글자가 되었다.

母의 갑골문은 다소곳이 꿇어앉은 여자()의 가슴 부분에 점을 찍어서 만들었다. 자식에게 젖을 먹이는 것이 어머니의 가장 큰 특징이라고 생각한 것이다. 꿇어앉은 모습을 그린 아랫부분이 탈락되이 지금의 해서 자형이 되었다.

제44강

諸姑伯叔 猶子比兒
제고백숙 유자비아

우리 아이 우리 어른

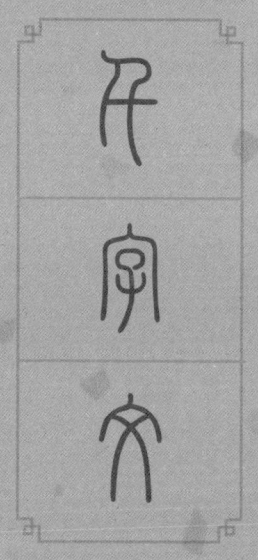

> 고모와 큰아버지, 작은아버지는 모두
> 조카를 자식처럼 대하고 자신의 아이와 나란히 여긴다.

이 강에서는 가족 안에서 웃어른이 집 안의 아이들을 어떻게 대해야 하는지 이야기하고 있다. 여기서의 가족은 부모와 자녀로 이루어진 핵가족이 아니라, 조부모와 부모, 아버지의 형제자매까지도 가족의 범주로 생각했던 전통 시기의 대가족이다.

흥미로운 점은 초점의 전환이다. 중국의 옛글, 특히 유가에 기반한 글에서는 공동체 구성원 간의 바람직한 관계 맺음을 이야기할 때, 아랫사람이 윗사람을 어떻게 섬겨야 하는가에 강조점을 두고 있다는 느낌이 든다. 그 대표적인 것이 '孝효'이고, '忠충'이다. 그런데 여기서는 반대로 윗사람이 아랫사람을 대하는 마음가짐과 태도에 초점을 맞추고 있다. 한 구절씩 살펴보자.

첫 구절인 '諸姑伯叔제고백숙'은 고모와 큰아버지, 작은아버지 등 아버지의 모든 형제자매이다. '諸제'자는 '모두'라는 의미이고, '姑고', '伯백', '叔숙'은 각각 아버지의 동기 간을 일컫는 말이다. '姑'는 아버지의 여자 형제를 지칭하는 말이니 '고모'다. '伯'은 아버지의 형을 지칭하는 말로 '큰아버지'다. 이 글자의 오른편에 있는 '白백'자의 유래에 관해서는 의견이 분분한데, 머리를 상징하거나 엄지손가락을 상형하였다는 설이 유력하고, 이로부터 '白'자의 원래 의미는 '맏이'였을 것이라고 설명한다. 이 경우 白은 伯의 발음과 의미에 모두 관여하는 것으로 볼 수 있다. '叔숙'은 아버지의 남동생을 지칭하는 말이니 '삼촌', 즉 '작은아버지'다.

다음 구절인 '猶子比兒유자비아'는 조카를 자기 자식과 똑같이 대한다는 뜻이다. '猶유'자는 '~과 같다', '比비'자는 '나란히 여긴다'는 뜻이고, '子자'자는 '자식', '兒아'자는 '아이'라는 뜻이다. 따라서 '猶子유자'는 '조카를 마치 자기 자식과 같이 대한다'로, '比兒비아' 역시 '조카를 자신의 아이처럼 나란하게 대하다', 즉 '똑같이 여긴다'라고 풀이할 수 있다.

아이를 낳아서 먹이고 입히고 기르는 일은 간단하고 쉬운 일이 아니다. 시간과 비용은 물론이고 무엇보다 아이를 돌보는 양육자인 부모가 한결같은 관심과 사랑을 쏟아야 하는 일이다. 그러다 보니 부모로서는 아이를 하나만 낳아 제대로 기르는 일도 벅차다. 그런데 형제자매의 자녀들까지 내 아이처럼 대하고 여기라니. 21세기 한국의 현실을 생각하면 이 강의 내용은 다소 생뚱맞게 느껴질 수 있다.

심지어 맹자孟子는 여기서 한 걸음 더 나아가 이렇게 말한다. 내 집 어른을 섬기는 마음가짐과 예절로 남의 집 어른을 대하고, 내 아이를 사랑하는 마음가짐과 행동으로 남의 아이를 대하라고. 그러면 천하를 얻을 것이라고.[1] 자식이 자신의 부모를 공경하여 모시고, 부모가 자기 자녀를 사랑으로 돌보는 것은 자연스럽고 당연한 일이다. 맹자는 그 마음과 시선, 그리고 태도를 내 가족의 어른과 아이로부터 우리 마을의 어른과 아이, 더 나아가 한 나라의 어른과 아이로까지 확장해 갈 것을 요구한다.

왕은 공동체 구성원, 즉 백성이 마음 놓고 잘 살아갈 수 있도록 만들어 주어야 한다. 그렇게 하려면 무엇보다 백성이 안정적으로 생업에 종사하여 먹고 사는 일에 걱정하지 않도록 해 주어야 한다. 또한, 공동체 안팎에서 발생하는 갈등과 혼란을 조정하고 해결해 주어야 한다.

공동체 안팎에서 발생하는 갈등과 혼란을 해결하는 데는 크게 두 가지 방식이 있다. 하나는 상벌을 통해 외부적으로 통제하는 것이고, 다른 하나는 구성원의 자발적인 참여와 변화를 끌어내는 것이다. 전자는 효과가 빠른 반면 더욱 촘촘한 법망으로 통제를 강화하려는 경향이 생긴다. 상벌 체계의 느슨한 구멍을 찾아 자신의 이득을 챙기려는 사람이 생겨날 테고, 이를 통제하려면 상벌 체계가 강화되고 정교화될 수밖에 없기 때문이다.

후자의 경우, 공동체 구성원의 자발적인 참여와 변화를 끌어내려면, 상식에 근거해 그들을 납득시켜야 한다. 그리고 그들을 납득시켜 행동의 변화에 이르려면, 그 마음을 움직여야 한다. 맹자는 인지상정人之常情, 그러니까 사람이라면 누구나 가지고 있는 마음으로 자신을 돌이켜서 그 마음에 따라 행동하라고 설득하는 것 같다. 부모가 자기 자녀를 사랑하고 자녀가 자기 부모를 공경하는 마음이 바로 그것이다. 그 마음가짐과 태도 그리고 그로부터 비롯되는 행위를, 가족에서부터 함께 살고 있는 동네 사람 그리고 온 나라 안의 사람으로 점점 확장해가는 것이다. 강가에 서서 강물을 향해 돌을 던지면 동그란 물무늬가 겹겹의 동심원을 그리며 끝없이 퍼져나가듯이.

맹자의 이야기를 가져와 이 같을 현재형으로 해석하자면, 형제자매의 아이를 내 아이처럼 생각하며 돌보는 것으로 끝나지 않는다. 그 마음으로 우리 동네의 아이들, 우리나라의 아이들, 그리고 세계 곳곳의 아이들에게까지 관심을 가지고 대하자는 것이다.

이러한 '관계 속에서의 윤리'는 쌍방향적이며 상호의존적이다. 그러니 윗사람인 부모가 자기 아이를 돌보는 마음으로 누군가의 아이를 대하듯, 자녀인 아랫사람 역시 자기 부모를 돌보는 마음으로 누군가의 부모인 어른을 대하면 된다. '돌봄'의 사회적 의미는 여기에 있는 것이 아닐까.

【주석】
1 『맹자·양혜왕상(梁惠王上)』: "내 집 어른을 어른으로 섬기는 것으로 남의 집 어른에게까지 이르고, 내 아이를 아이로 사랑하는 것으로 남의 아이에게까지 이르게 한다면 천하가 손바닥 위에서 움직이게 할 수 있을 것입니다.(老吾老, 以及人之老, 幼吾幼, 以及人之幼, 天下可運於掌.)"

◈ 고문자 설명

금문	소전	아저씨 숙

叔은 『설문』에서 손을 간략하게 표현한 '又(우)'와 발음성분인 'ホ(숙)'으로 구성된 형성자이며, 손으로 물건을 줍는다는 뜻이라고 풀이했다. 그런데 금문을 보면 물건이 아니라 땅에 떨어진 콩을 손으로 줍는 모습을 표현했다는 것을 알 수 있다. 지금은 가차되어 주로 아버지의 손아래 형제를 가리키는 글자로 쓴다.

갑골문	소전	아들 자

子가 지금은 아들이라는 의미를 나타내지만, 본래는 갓난아이의 모습을 상형한 글자다. 머리털이 적고 팔다리를 가누지 못하는 모습을 사실적으로 그렸다. 지금도 '子息(자식)'이라고 할 때는 아들 딸을 구별하지 않는다. 子는 또 地支(지지)의 첫 글자로 가차되어, 띠로는 쥐띠를, 시간으로는 밤 11시부터 새벽 1시 사이의 시간을 나타낸다. 그래서 밤 12시를 '子正(자정)'이라고 한다.

갑골문	소전	견줄 비

比의 갑골문은 두 사람이 나란히 서 있는 모습이다. 가까이 서서 서로 견주어 본다는 뜻이다. 갑골문에는 이 글자와 방향은 다르지만 구조가 유사한 〿 자형의 글자도 있다. 이것은 뒷사람이 앞사람을 바짝 붙어 따른다는 의미의 '從(종)'이다. 그런데 해서 比자는 숟가락을 의미하는 '匕(비)'자와 더 비슷하다. 그래서 두 개의 숟가락을 나란히 두어 서로 가까이 있다는 의미를 표현했다는 설명도 있다.

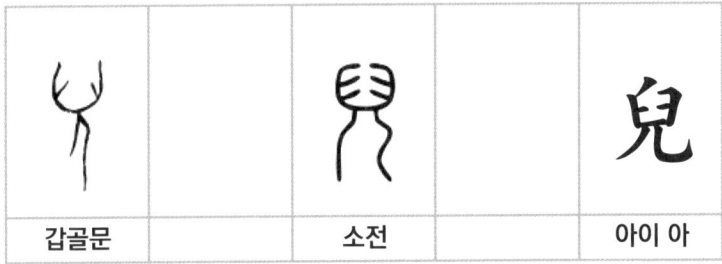

갑골문	소전	아이 아

兒의 갑골문은 아직 머리 숨골이 닫히지 않은 아이의 모습을 상형한 글자다. 몸에 비해 머리가 크고, 머리 한가운데가 열린 모습을 강조해서 표현했다. 그렇다면 태어난 지 얼마 되지 않은 갓난아이라는 뜻인데, 지금은 어린아이 모두를 가리키는 글자로 사용한다.

譜牒伯枳 猶子爪兒

제45강

孔懷兄弟 同氣連枝
공회형제 동기연지

우애의 두 얼굴

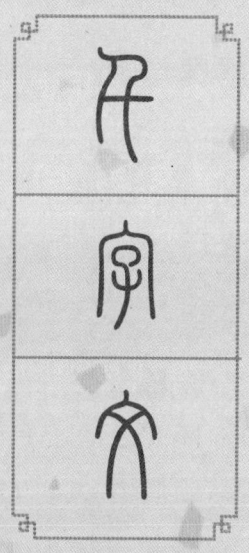

> 형제자매를 마음 깊이 생각하니
> 같은 부모 밑에서 태어난 동기이고
> 한 뿌리에 연결된 가지이기 때문이다.

이 강에서는 동기 간의 우애를 강조하고 있다. 한 부모 밑에서 태어난 형제자매를 '동기'라 하고, 이들이 서로 존중하고 화합하는 것을 '悌제'라 한다. '孝悌효제'는 유가에서 중시하는 가족 윤리이다. 孝가 자식이 부모를 대하는 태도와 마음가짐이라면, 悌는 동기 간을 대하는 태도와 마음가짐으로, 가족 윤리의 한 축을 이룬다.

그래서인지 동기 간의 애틋한 정을 드러낸 글이나 예화가 무수히 전해진다. 흥미로운 것은 형제자매의 정을 나무에 빗대어 표현한 경우가 적지 않다는 것이다. 신라의 승려였던 월명사月明師가 쓴 향가「제망매가祭亡妹歌」도 그중 하나인데, 앞서 간 누이를 그리는 오빠의 심정이 절절히 전해진다. 월명사는 '간다 말도 못다 하고' 일찌감치 저세상으로 가버린 누이의 명복을 빌며, '한 가지에 나고 가는 곳 모르누나'라며 그 죽음을 안타까워했다. '한 가지에 나고'라는 말은 한 부모에게서 태어났음을 말하는 것이니, 이 강의 '同氣連枝동기연지'와 그 의미가 동일하다. 천자문에서 '連枝', 그러니까 '한 뿌리에 연결된 가지'에 동기를 비유했다면, 월명사는 '한 가지에 난 나뭇잎'으로 달리 표현했을 따름이다.[1]

'자형수紫荊樹'는 동기 간의 우애를 상징하는 나무다. 이 나무는 박태기나무라고 하는데, 밥알같이 생긴 작은 꽃이 다닥다닥 붙어 피어서 밥티기나무라고도 불린다. 중국에서 5세기 말에 편찬된 『속제해기續齊諧記』에는 다음과 같은 일화가 기록되어 있다. 전진田眞이라는 사람이 두 아우와 재산을 똑같이 분배하는 과정에서 대청 앞에 서 있는 박태기나무 한 그루도 삼등분하여 나누어 갖기로 했다. 그런데 그 나무가 돌연 저절로 말라 죽는 것을 보고 전진은 형제가 흩어지는 것은 한 그루의 나무가 쪼개져 죽는 것과 다름없음을 깨달았다. 그래서 나무를 쪼개지 않고 그대로 두기로 결정하자 나무가 다시 살아나 무성해졌다고 한다.[2] 이로부터 '자형수'는 형제 간의 우애를 상징하는 대표적인 나무이자 단어가 되었다.

그런데 어린 시절을 돌이켜보면 형제자매만큼 투쟁적인 관계도 드물다. 형제자매는 하나 뿐인 부모의 관심과 사랑, 한정된 먹거리와 공간을 더 많이 차지하기 위해 사사건건 투닥거릴 수밖에 없다. 더구나 성장하여 각기 독립하고 나면 같은 부모 아래에서 나고 자란 동기 간이라 할지라도 이해가 충돌하는 순간 갈등이 표출된다. 그 이해득실이 크면 클수록 갈등은 증폭되어 종종 폭력을 동반하기도 한다. 이러한 사례는 한국이나 중국을 막론하고 역사적으로 비일비재하다.

조비曹丕와 조식曹植 형제도 그러했다. 조비와 조식은 모두 조조曹操의 아들인데, 조조는 유비劉備·손권孫權과 함께 한漢나라 멸망 후 전국을 삼분하여 경합했던 삼국시대의 주인공 중 하나다. 조조는 여러 아들 중에서 막내인 조식의 재주와 능력을 가장 아껴 여러 번 그를 태자로 삼고자 했으나, 결국 조비에게 자리를 물려주었다. 조비는 위魏나라의 왕이 되어서도 아우인 조식을 위협적인 존재로 여기고 경계했다. 어느 날, 조비는 조식에게 일곱 걸음을 걸을 동안 시를 지으라고 하면서 시를 짓지 못하면 극형에 처하겠다고 명령했다.

그 명이 떨어지기가 무섭게 조식은 다음과 같은 시를 지었다.

콩을 삶아 국을 만들고
콩을 걸러 즙을 만드네.

콩대는 솥 아래에서 타고
콩은 솥 안에서 우네.
본래 같은 뿌리에서 나왔거늘
지지고 볶아대는 것이 어찌 이리도 급한가.[3]

이 시를 들은 조비는 부끄러워하며 아우인 조식을 죽이지 않았다. 조식은 한 뿌리에서 나온 콩대와 콩에 형제를 비유하여, 자신을 핍박하는 형의 모습을 풍자하는 동시에 자신의 심정을 하소연했다. 일곱 걸음 만에 지어졌다고 해서 '칠보시七步詩'라고도 부르는 이 시는 조식의 문학적 순발력이 반짝이는 작품이지만, 그 상황을 생각해 보면 왕좌 앞에서 무력해지는 형제애의 이면을 적나라하게 보여주고 있는 듯하다.

이 형제는 이쯤에서 마무리가 되었지만, 역사적으로 '왕자의 난'이나 '골육상쟁骨肉相爭'은 때와 장소를 가리지 않았다. 권력을 향한 욕망이 한 부모 밑에서 태어난 형제자매를 죽음으로 내몰았던 것이다. 한 나라를 좌지우지하는 권력이 아니더라도, 오해와 원망으로 동기 간이 소원해지기도 하고 심지어 사소한 말다툼이 동기 간의 칼부림으로 번지는 사건을 지금도 종종 접한다.

부모의 한결같은 바람은 자녀들이 평생 우애롭게 지내는 것일 테지만, 이 소망이 오롯이 실현되기란 쉽지 않은 것 같다. 주흥사 역시 이를 알았기에 동기 간의 우애를 강조한 것은 아닐까.

【주석】

1 『삼국유사(三國遺事)·감통(感通)』: "죽고 사는 길 예 있으매 두려워하고, 나는 간다 말도 못다 하고 가는가. 어느 가을 이른 바람에 이에 저에, 떨어질 잎처럼 한가지에 나고 가는 곳 모르누나. 누이야 미타찰(彌陀刹)에서 만날 나는 도닦아 기다리련다.(生死路隱此矣, 有阿米次肹伊遣, 吾隱去內如辭叱都, 毛如云遣去內尼叱古, 於內秋察早隱風未, 此矣彼矣浮良落尸葉如, 一等隱枝良出古, 去如隱處毛冬乎丁, 阿也, 彌陀刹良逢乎吾 道修良待是古如.)" 「제망매가」의 원문과 번역은 웹사이트 '한국민족문화대백과사전(https://encykorea.aks.ac.kr)'을 참조했다.

2 『속제해기·자형수(紫荊樹)』: "田眞兄弟三人析産, 堂前有紫荊樹一株, 破爲三, 荊忽枯死. 眞謂諸弟曰 樹本同株, 聞將分斫, 以憔悴, 是人不如木也. 因悲不自勝, 兄弟相感, 不復分産, 樹亦復榮."

3 『세설신어(世說新語)·문학(文學)』: "煮豆持作羹, 漉菽以爲汁. 萁在釜下然, 豆在釜中泣. 本自同根生, 相煎何太急?" 조식(曹植)이 지은 칠보시(七步詩)는 이 책에서 뿐 아니라 『문선(文選)』, 『몽구(蒙求)』 등 여러 전적에 실려 있으며 원문에 조금씩 차이가 있다. 여기서는 『세설신어』에 실린 원문을 가져왔고, 번역은 『세상의 참신한 이야기- 세설신어』 1권(김장환 역, 신서원, 2008)을 참조했다.

◈ 고문자 설명

갑골문	소전	형 형

兄자는 갑골문이나 소전 및 해서에 이르기까지 자형에 변화가 없고, 입이 강조된 사람의 모습을 상형한 것이다. 제사를 지낼 때 축문을 읽는 것은 장자, 즉 맏이의 일이었기 때문에 이 글자가 형을 가리키는 글자로 만들어졌다는 견해가 있다. 갑골문의 시대부터 형을 가리키는 글자로 쓰였다.

갑골문	소전	아우 제

弟자는 가죽끈으로 긴 자루를 감은 모양이다. 『설문』에서는 '가죽으로 묶는 순서'라고 풀이했다. 순서라는 뜻에서 형제 중 순서가 낮은 아우를 연상할 수 있다. 이 글자는 일찍부터 아우를 의미하는 글자로 사용되었고, 본래 의미는 弟자 위에 '竹(죽)'을 더해서 '第(순서 제)'로 쓴다.

갑골문	소전	같을 동

同의 갑골문은 사면에 손잡이가 있는 어떤 기구와 사람의 입을 표현하는 '口(구)'로 구성되었다. 이 기구는 사람을 태우는 가마의 형상이라고 한다. 네 사람이 함께 가마를 들어올려야 하기 때문에 구호를 사용해 힘을 쓰는 시점을 맞춘다. 그래서 '함께', '같이' 라는 뜻을 나타내는 글자가 되었다.

소전			기운 기

氣는 구름이 움직이는 모양을 상형한 '气(기)'와 쌀을 의미하는 '米(미)'로 구성되었다. 『설문』에서는 '손님에게 음식을 대접한다'는 뜻으로 풀이했는데, 오늘날에는 그 의미를 '餼(희)'자로 나타낸다. 본래 气의 의미를 氣가 나타내고, 본래 氣의 의미를 餼(희)가 나타내는 연쇄적인 변화가 있었다. 气는 현재 다른 글자의 구성성분으로만 쓰이고 단독으로는 쓰이지 않는다.

孔懷兄弟　同氣連枝

제46강

交友投分 切磨箴規
교우투분 절마잠규

벗이 된다는 것

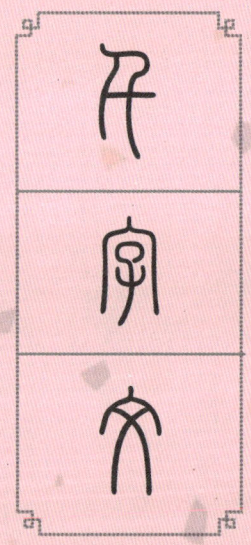

> 친구를 사귈 때는 뜻을 맞추고
> 서로 학문을 갈고 닦으며 법도에 맞게 바로잡아준다.

살다 보면 이런저런 관계 속에 놓이게 마련이다. 어떤 관계는 선택할 수 있지만 어떤 관계는 선택의 여지가 없다. 태어나는 순간 만나게 되는 부모가 그러하고, 한 부모에게서 태어나는 동기 간 역시 그러하다. 부모와 동기 간으로 이루어진 가족, 조금 더 확장하자면 친족은 우리가 선택할 수 없다. 그리고 이러한 관계는 혈연으로 맺어진다.

앞 강까지 혈연으로 이어진 가까운 관계 속에서 지키고 베풀어야 하는 덕목을 이야기했다면, 이 강에서는 혈연이 아닌 친구 관계에 관해 이야기한다. 친구는 선택적이면서도 몹시 가까운 관계라는 점에서 가족만큼이나 깊은 영향을 주고받는다. 16세기 말에 중국에서 출판된 『교우론交友論』에서는 '친구는 나의 반쪽이며 제2의 나'라고 친구에 관해 운을 떼고 있다.[1] 그렇다면 나는 '나의 반쪽이며 제2의 나'와 어떻게 관계를 만들어 나가야 하는가.

첫 구절인 '交友投分교우투분'의 '交友교우'는 친구를 사귄다는 의미다. 그중에서 친구를 뜻하는 '友'자의 고문 자형을 보면, 지금의 '又우'자 2개가 나란히 또는 위아래로 놓여있다. 又자는 오른손의 모습을 본뜬 글자다.

금문　　　　소전

우리는 대부분 오른손과 왼손 이렇게 두 개의 손을 가지고 있지, 오른손만 두 개인 사람은 없다. 따라서 '友'자는 두 사람, 즉 오른손을 나란히 하고 있는 두 사람을 나타낸다. 같은 쪽에 있는 손을 나란히 했다는 것은 '뜻을 같이한다'는 의미로 이해할 수 있다[2]. 그렇다면 친구는 기본적으로 뜻을 같이하는, 다시 말해 삶의 방향성이 같은 사람이다.

처음부터 삶의 방향성이 같을 수도 있다. 각자의 뜻이나 취향이 비슷한 경우, 말이 잘 통하고 그러다 보면 더 쉽게 친해진다. 그렇지만 뜻이나 취향 혹은 개성이 각각 다르다 해도, 천천히 서로에게 맞추어 가다 보면 어느 순간 같은 방향을 바라보며 함께 갈 수 있다. 첫 구절인 '交友投分'의 '投分투분'은 친구를 사귈 때 바로 그렇게 서로에게 맞추어가는 것이다.

그 다음 구절인 '切磨箴規절마잠규'를 살펴보자. '切磨절마'는 '切磋琢磨절차탁마'의 줄임말이다. '切磋琢磨'는 상아나 옥과 같은 것을 갈고 쪼아 다듬듯이 부단한 노력을 통해 학문적으로 성장해 가는 과정을 말한다[3]. '箴規잠규'의 '箴잠'은 바늘이나 침처럼 뾰족한 것으로 찌르듯 하는 것이고, '規규'는 판단과 행위의 기준이 될 만한 법도나 규범이다. 그렇다면 친구를 사귐에 '切磋箴規'한다는 것은 무슨 의미일까.

옥돌을 예로 생각해 보자. 다듬어지지 않은 옥은 돌일 뿐이다. 그 돌이 아름답고 값진 옥이 되려면 정에 쪼이고 사포에 갈리는 과정을 무수히 거쳐야 한다. 친구가 된다는 것은 그 지난한 담금질의 과정을 함께 하는 것이다. 내가 품고 있는 원석을 알아보고 그것이 드러나 반짝일 수 있도록 단련시켜 주며 곁에서 함께 하는 것이 바로 '切磨'이며 친구가 되는 과정이다.

'箴規'는 친구가 올바른 길에서 벗어났을 때 돌이켜보고 되돌아올 수 있도록 따끔하게 권고하는 것이다. 쉽게 풀자면 충고하고 지적하는 것이다. 그런데 충고나 지적은 누구에게도 편하지 않다. 듣는 사람은 당연히 좋을 리가 없고, 말하는 사람도 뒷맛이 개운치 않다. 우선 좋은 뜻이 있어야 하고, 말을 신중하게 골라야 하며, 진심이 전달되도록 애써야 한다. 그렇게 조심조심 충고를 건네어도 듣는 사람이 제대로 받아들이지 않는다면, 서로 감정이 상해 상처로 남고 결국 사이가 벌어질 수도 있다. 그래서 좋은 뜻으로 말을 고르고 골라 놓고도, 입을 떼기보다는 침묵을 선택하는 경우가 적지 않다.

가만히 생각해 보니 '箴規' 하려면 반드시 한 가지가 필요하다. 상호 간의 신뢰다. 그것이 상대방이 나를 위해 곱씹고 곱씹어 건네는 말이라는 믿음. 내가 건네는 말이 거슬릴지라도 상대방이 튕겨내지 않고 받아들일 것이라는 믿음. 따라서 '箴規'는 신뢰를 바탕으로 한 관계에서 가능한 행위며, 신뢰를 단단히 다져가는 행위기도 하다.

【주석】

1 『교우론』: "나의 친구는 타인이 아니라 나의 반쪽이며 바로 제2의 나이다. 그러므로 마땅히 친구 보기를 자신처럼 해야 한다.(吾友非他, 卽我之半, 乃第二我也. 故當視友如己焉.)" 『교우론』은 예수회 신부였던 이탈리아의 마태오 리치(利瑪竇:1552~1610)가 중국에 와서 한문으로 써서 간행한 책이다. 친구와 우정에 관한 내용을 100개의 항목으로 나누어 서술하고 있다. 그 중에서 이 구절은 가장 첫 머리에 나온다.

2 『주례주소(周禮注疏)』: "붕(朋)은 소원한 사이지만 많고, 우(友)는 친한 사이지만 적다. 그러므로 스승을 함께 하는 자를 '붕'이라 하고, 뜻을 함께 하는 자를 '우'라 한다.(朋疏而多, 友親而少. 故云同師曰朋, 同志曰友.)"

3 『시경·위풍(衛風)·기욱(淇奧)』: "저 기수(淇水) 물굽이 바라보니 푸른 대나무 무성하네. 훤칠하신 우리 님이여, 자른 듯 다듬은 듯, 쪼은 듯 간 듯.(瞻彼淇奧, 綠竹猗猗. 有匪君子, 如切如磋, 如琢如磨..)"
한(漢)나라 학자 왕충(王充)은 『논형(論衡)·양지(量知)』에서 '切磋琢磨'를 이렇게 풀이하고 있다. "뼈를 자르는 것을 절(切), 상아를 다듬는 것을 차(磋), 옥을 쪼는 것을 탁(琢), 돌을 가는 것을 마(磨)라고 한다. 절차탁마의 과정을 거쳐 귀한 기물이 만들어진다. 사람의 학문과 재능이 완성되는 것은 뼈와 상아와 옥을 절차탁마하는 것과 같다.(骨曰切, 象曰磋, 玉曰琢, 石曰磨. 切磋琢磨, 乃成寶器. 人之學問知能成就, 猶骨象玉切磋琢磨也.)" 『논어·학이』에서도 자공(子貢)이 공자와 대화를 나누며 『시경』의 이 구절, "如切如磋(여절여차), 如琢如磨(여탁여마)"를 인용하였다.

*기욱(淇奧)의 '奧'는 음이 '오'지만 『시경』에서 시의 제목이 되는 경우, 당(唐)나라 학자인 육덕명(陸德明)의 견해를 따라 '욱'으로 읽는다.

◈ 고문자 설명

갑골문	소전	사귈 교

交의 갑골문과 소전은 두 다리를 교차한 사람의 모습을 상형한 것이다. 『설문』에서도 이 글자를 '두 다리를 교차한다'는 뜻으로 풀이했다. 여기에서 '교차하다', '교류하다' 등의 의미가 나왔다. 교통(交通), 교류(交流), 교우(交友) 등의 한자어에 다양하게 쓰인다.

갑골문	소전	벗 우

友의 갑골문과 소전은 모두 두 개의 오른손이 좌우로, 또는 위아래로 나란히 놓인 모습이다. 따라서 이것은 한 사람의 손이 아니라 두 사람의 손이다. 오른손은 특별히 돕는다는 의미를 가지므로, 이 글자는 친구가 돕는 사람이라는 뜻을 잘 보여준다. 해서에서는 위에 있는 손의 모양이 곧은 선으로 펴지는 바람에 본래 지닌 의미를 모습을 알아보기 어렵게 되었다.

갑골문	소전		나눌 분
八	八		分

分은 갑골문부터 해서까지 모두 '八(팔)'과 '刀(도)'로 구성되었다. 八은 여덟이라는 숫자를 나타내지만, 『설문』에서는 '나눈다[別]'는 의미로 풀이했다. 刀는 칼을 상형한 글자인데, 물건을 잘라 나눌 수 있는 기구이다. 그렇다면 分은 칼로 나눈다는 뜻의 회의자다.

소전			갈 마
礦			磨

磨는 거친 면을 매끈하게 다듬는 행위를 뜻하는 글자다. 『설문』에는 磨자가 없고, 맷돌을 뜻하는 '礦(마)'자만 있다. 학자들은 이것이 磨의 옛글자이며, '맷돌'에서 '연마한다'는 뜻이 파생되었다고 설명한다. 갈고 다듬는다는 뜻의 한자가 여럿 있는데, 그 중 '琢(탁)'은 옥을, '磨'는 돌을 다듬는 것이다.

제47강

仁慈隱惻 造次弗離
인자은측 조차불리

측은하게 여기는 마음

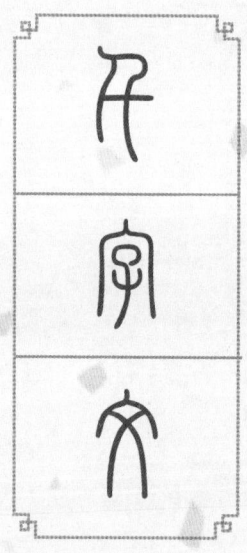

> 어질고 자비롭고 남을 측은히 여기는 마음은
> 잠시라도 떠나게 해서는 안된다.

이 강의 '仁慈隱惻인자은측'과 '造次弗離조차불리'는 주흥사가 『맹자孟子』와 『논어論語』의 구절에서 단어를 찾아 조합한 것이다.

'仁慈隱惻인자은측'에 나온 '仁인'을 누구보다 강조한 사람은 공자였다. 공자는 『논어』에서 여러 차례 반복해서 '仁'을 이야기하였는데, '造次弗離조차불리'의 '造次조차'라는 단어도 공자가 '仁'을 이야기하는 대목에 나온다. 공자는 이렇게 말했다. "군자가 仁을 떠나 어찌 명예를 이루리오. 군자는 심지어 밥을 먹는 사이에도 仁을 벗어나면 안 된다. 잠깐의 순간[造次]에도 반드시 仁에서 시작해야 한다."[1]

공자가 '仁'을 한 마디로 정의한 대목은 『논어·안연』편에 있다. "번지樊遲라는 제자가 공자에게 물었다. '仁은 무엇입니까?' 공자가 대답했다. '다른 사람을 사랑하는 것[愛人]이다."[2] 사랑한다는 말은 함의가 대단히 넓다. 어떻게 대하는 것이 사랑하는 것인가.

공자가 강조한 仁을 더 구체적으로 풀어 설명한 사람은 맹자 孟子다. 맹자는 남을 측은하게 여기는 마음이 바로 仁의 출발이라고 강조했다.

맹자는 다음과 같이 설명했다. 사람마다 모두 '남에게 차마 모질게 굴지 못하는 마음[不忍人之心]'을 가지고 있다. 사람마다 모두 그러한 마음을 가지고 있다고 한 이유는 다음과 같다. 지금 만약 아무것도 모르는 어린아이가 깊은 우물로 기어 들어가려는 것을 본다면, 누구나 다 두려워하며 측은해하는 마음인 측은지심惻隱之心이 생긴다. 이는 그 사람이 아이의 부모와 친분이 있어서가 아니다. 그렇다고 그 마을 사람이나 친구에게 명예를 구하려고 그런 것도 아니다. 또한 자신이 仁하지 못하다는 비난의 소리를 들을까 싫어하여 그렇게 하는 것도 아니다.[3]

아이가 우물에 빠질까 두려워하며 측은히 여기는 이러한 즉각적인 마음은 사람이면 누구나 가지고 있다. 그것이 바로

仁의 시작이다. 그러한 仁의 단서를 넓히고 채워간다면, 마치 불이 처음 탈 때나 샘이 처음 솟을 때처럼 그것을 채울 수 있다면, 그것으로 세상을 다스려서 사해를 보존하기에 족하다. 하지만 그 단서를 넓혀서 채울 수 없다면, 그런 사람은 부모를 섬기기에도 부족하다.[4] 맹자가 강조하는 측은지심은 세상이 올바르게 다스려지는 기초다.

하지만 사람이 본래 그렇게 선한지에 관한 인성人性 논쟁은 맹자 시절부터 치열하게 있었다. 『맹자』에서는 당시에 맹자가 고자告子와 벌인 논쟁을 다음과 같이 기록하였다.

고자는 본성[性]에 선함도 없고 불선함도 없으니, 어떤 사람은 선을 행할 수도 있고 불선을 행할 수도 있다고 주장했다. 그래서 현명한 문왕文王과 무왕武王이 흥성할 때는 백성이 선행을 좋아했고, 흉악한 유왕幽王과 여왕厲王이 흥성할 때는 백성이 포악함을 좋아했다는 것이다. 또한 어떤 사람은 性이 본래 선한 이도 있고 본래부터 불선한 이도 있다고 주장했다. 그 증거로 요堯임금이 군주가 되었지만 못된 아들 상象이 있었고, 고수瞽瞍가 그 아비였으나 착한 아들 순舜이 있었으며, 주紂를 조카로 두었으나 그를 군주로 여기는 미자계微子啓와 왕자 비간比干과 같은 충신이 있었다. 이에 맹자의 제자가 맹자에게 다그쳐 물었다. 위와 같은 주장과 증거가 있는데 "지금 선생님께서는 여전히 性의 선함을 말씀하십니다. 그렇다면 그들은 모두 틀린 것입니까?"[5]

고자의 반론은 아주 명쾌했다. 사람이 모두 선하다면 성인들만 나오지, 왜 포악하고 불선한 군왕이 출현하는가. 성인의 시대에는 백성도 선해지지만, 포악한 임금의 시대에는 백성도 악해진다. 왜 그러한가. 또 요임금 순임금처럼 현명하고 선량한 사람에게 어째서 못된 아들, 못된 아버지, 못된 동생이 있는가. 흉악하기 그지없는 주왕에게 어찌하여 어질고 현명한 삼촌 미자계와 왕자 비간이 있는가. 그러므로 사람은 본래부터 선하지 않을 수도 있고, 본래 불선함을 타고난 이도 있는 것이다.

그러나 맹자는 그 주장을 결단코 받아들이지 않았다. 맹자가 대답했다. "만약 性이 진실함[情]을 잘 따라간다면 선善을 행할 수 있으니 그것이 이른바 성의 선함이다. 만약 불선함을 행한다 해도 하늘이 준 선한 바탕 자체가 죄가 되는 것은 아니다."[6] 맹자는 사람이 본래 받은 것은 선한 '측은지심'이라고 말한다. 그러니 사람은 性으로 본래 받은 것을 잘 따라야 한다.

이 논쟁에서 맹자는 다시 한번 강조한다. '측은지심'은 사람마다 본래 타고난 선한 마음임을! "측은지심은 사람마다 다 가지고 있다. …… 인의예지仁義禮智는 밖으로부터 나에게 주입된 것이 아니라 내가 본래부터 가지고 있는 것인데, 다만 생각하지 않을 뿐이다. 그래서 구하면 얻고 놓으면 잃는다고 한다."[7]

고자와 맹자의 시대에도 물었는데, 지금의 우리도 묻는다. 왜 착하게 살아야 하느냐고. 살다 보면 순도 백 퍼센트의 선한 사람은 찾을 수 없다. 그러나 맹자가 말한 대로 갓 태어난 아기는 악을 모르는 것도 맞다. 맹자가 말하는 측은지심은 아무것도 계산할 줄 모르는 순수함일 텐데, 우리가 계속 살아가면서 그것을 잃고 있는 것은 아닐까.

맹자는 여러 번 반복해서 사람은 타고날 때부터 선하다고 강조했다. 그러나 그것을 찾으면 구해지지만, 방심해서 놓고 있으면 잃어버린다. 방심하지 않고 그것을 잘 잡고 있는 모습, 그것이 바로 '조차불리'이다.

【주석】

1 『논어·이인(里仁)』: "공자가 말했다. '부유함과 존귀함은 사람들이 바라는 것이지만 올바르게 얻지 못하면 그곳에 머무르지 않고, 가난함과 천함은 사람들이 싫어하는 것이지만 올바르게 얻지 못했다 해도 떠나지 않는다. 군자가 仁(인)을 떠나 어찌 명예를 이루리오. 군자는 밥을 다 먹는 사이에도 仁을 벗어나면 안 된다. 잠깐의 순간에도 반드시 그것에 있어야 하고 어지러워지고 위태로운 때에도 반드시 그것에 있어야 한다.'(子曰, 富與貴, 是人之所欲也. 不以其道得之, 不處也. 貧與賤, 是人之所惡也. 不以其道得之, 不去也. 君子去仁, 惡乎成名. 君子, 無終食之間違仁. 造次必於是, 顚沛必於是.)"

2 『논어·안연』: "樊遲問仁. 子曰, 愛人."

3 『맹자·공손추상(公孫丑上)』: "孟子曰, 人皆有不忍人之心. …… 所以謂人皆有不忍人之心者. 今人乍見孺子將入於井, 皆有怵惕惻隱之心, 非所以內交於孺子之父母也, 非所以要譽於鄕黨朋友也, 非惡其聲而然也."

4 『맹자·공손추상』: "나에게 인의예지의 사단(四端)이 있음은 그것을 넓혀서 채울 것을 알게 한다. 마치 불이 처음 탈 때처럼 샘이 처음 솟을 때처럼 그것을 채울 수 있다면 사해(四海)를 보존하기에 족하고, 그것을 채울 수 없다면 부모를 섬기기에도 부족하다.(凡有四端於我者, 知皆擴而充之矣. 若火之始然, 泉之始達, 苟能充之, 足以保四海, 苟不充之, 不足以事父母.)"

5 『맹자·고자상(告子上)』: "공도자(公都子)가 물었다. '고자는 性(성)에는 善(선)도 없고 不善(불선)함도 없다 했습니다. 어떤 사람은 본성적으로 善을 행할 수도 있고 不善을 행할 수도 있다고 했습니다. 그 때문에 문왕(文王)과 무왕(武王)이 흥성할 때에는 백성이 선을 좋아하고 유왕(幽王)과 여왕(厲王)이 흥성할 때에는 백성이 포악함을 좋아하였다는 겁니다. 어떤 사람은 性이 본래 善한 이도 있고 性이 본래 不善한 이도 있다고 합니다. 그 때문에 요(堯)임금이 군주가 되었지만 못된 아들 상(象)이 있고, 고수(瞽瞍)가 그 아비였으나 착한 아들 순(舜)이 있으며 주(紂)를

조카로 두었으나 그를 군주로 여기는 미자계(微子啓)와 왕자 비간(比干)이 있다는 겁니다. 지금 선생님께서 性의 善함을 말씀하시는데 그렇다면 그들은 모두 틀린 것입니까?'(公都子曰, 告子曰, 性無善無不善也. 或曰, 性可以爲善, 可以爲不善. 是故文武興, 則民好善, 幽厲興, 則民 好暴. 或曰, 有性善, 有性不善. 是故以堯爲君而有象, 以瞽瞍爲父而有舜, 以紂爲兄之子, 且以爲君而有微子啓王子比干. 今曰性善, 然則彼皆非與.)"

6 『맹자·고자상』: "孟子曰, 乃若其情, 則可以爲善矣, 乃所謂善也. 若夫爲不善, 非才其罪也."

7 『맹자·고자상』: "측은지심(惻隱之心)은 사람마다 다 가지고 있다. 수오지심(羞惡之心)은 사람마다 다 가지고 있다. 공경지심(恭敬之心)은 사람마다 다 가지고 있다. 시비지심(是非之心)은 사람마다 다 가지고 있다. …… 인의예지(仁義禮智)는 밖으로부터 나에게 주입된 것이 아니요, 내가 본래부터 가지고 있는 것인데, 다만 생각하지 않을 뿐이다. 그래서 구하면 얻고 놓으면 잃는다고 한다.(惻隱之心, 人皆有之. 羞惡之心, 人皆有之. 恭敬之心, 人皆有之. 是非之心, 人皆有之. …… 仁義禮智, 非由外鑠我也, 我固有之也, 弗思耳矣. 故曰求則得之, 舍則失之.)"

◆ 고문자 설명

금문	소전	어질 인

仁은 유가(儒家)에서 강조하는 인간의 가장 중요한 덕목이다.『설문』에서는 人'(인)과 '二(이)'로 구성되었고, '사이좋게 지낸다[親]'는 뜻이라고 풀이했다. 사람이 둘일 때, 즉 사람과 사람의 관계에서는 무엇보다 다른 사람을 친하게 대하는 것이 중요하다.『설문』에는 발음성분인 '千(천)'과 '心(심)'으로 구성된 고문자형(𢖪)도 있다.

금문	소전	지을 조

造의 금문은 집을 뜻하는 '宀(면)'과 배를 뜻하는 '舟(주)', 발음을 나타내는 '告(고)'가 결합된 형태다. 집이든 배든 모두 사람이 만들어내는 것이므로, 본래 '짓다, 만들다'라는 의미를 나타내는 글자다. 소전에서는 사람의 걷는 동작을 나타내는 '辵(착)'으로 구성된 글자로 변했다. 이 때문에 『설문』에서는 '나아간다[就]'는 의미로 풀이했다.

갑골문	소전	아닐 불

弗의 갑골문은 세로로 고정하는 틀을 두고 그것들을 줄로 얽어맨 모양이다. 비틀어진 물건의 모양을 바로잡아 형태를 만드는 것이다. 『설문』에서는 이 글자를 '바로잡는다'는 뜻으로 해석했는데, 이것이 본래 의미이다. 그러나 일찍이 갑골문 시대부터 부정사로 가차되어 주로 '~가 아니다'라는 뜻으로 쓰였다.

갑골문	소전	헤어질 리

離의 갑골문은 새가 그물에 걸린 모습을 상형한 것이다. 그래서 학자들은 이 글자가 새를 잡는 그물인 '羅(라)'자와 같은 글자였는데, 나중에 둘로 분화되었다고 이해한다. 『설문』에서는 '꾀꼬리'를 뜻하는 말로 풀이했지만, 그것은 가차된 의미이다. 지금은 '헤어지다, 분리하다'의 뜻으로 쓰인다.

仁慈隱惻　造次弗離

제48강

節義廉退 顚沛匪虧
절의염퇴 전패비휴

의로움을 지키는 법

> 절개와 의로움, 청렴함과 물러남은
> 넘어지고 곤경에 처하더라도
> 무너지게 해서는 안 된다.

이 강의 '節義廉退절의염퇴'는 제47강 '仁慈隱惻인자은측' 대비된다. '인자은측'이 仁인의 펼침이라면, '절의염퇴'는 義의가 펼쳐진 것이다. 펼침이라고 표현한 이유는 주흥사가 仁을 어질고 자애롭고 측은하게 여기는 마음이라고 풀어냈기 때문이다. 그렇다면 義는 절개 있고 정의로우며 청렴하고 물러남을 아는 태도라고 풀 수 있다. 그러한 仁과 義는 잠시도 떠날 수 없고 아무리 곤경에 처해도 무너뜨려서는 안 된다.

이 구절은 앞에서 설명한 『논어』의 구절[1]과 『맹자』가 말한 '仁義禮智인의예지' 중 '義'의 이념을 합해서 만들었다. 후대인들이 '仁'과 '義'에 관해 주흥사처럼 해석하는 것을 받아들인 셈이다. 그런데 궁금하다. 자신이 스스로 정의롭다는데, 왜 절개를 지키고 청렴해야 하며 게다가 물러나야 한다는 말인가.

『맹자』에 나오는 '義'에 관한 논쟁은 「고자告子」에 나온다. 고자는 仁은 내 안에 있다 할 수 있으나 義는 밖에 있는 것이라고 주장했다.[2] 그러나 맹자는 그것을 반박하면서 仁과 義 모두 내 안에 있다고 강조했다. 맹자에게는 '인의예지'가 모두 '~하는 마음'에서 출발한다. 『맹자』에서는 '義'를 자신의 잘못을 부끄러워하고 옳지 않음을 미워하는 마음, 즉 羞惡之心 수오지심이라고 불렀다. '義'를 '~하는 마음[心]'이라고 풀이하면 그것은 분명히 내 안에 있는 것이다. 만약 맹자의 말대로 정의로움이 내 안에 있는 마음이라면 내 마음만 고치면 정의로워질 수 있다. 그런데 그것이 고자가 말한 대로 만약 내가 스스로 어떻게 할 수 없고 나의 밖에서만 이루어지는 것이라면 어떤가.

고자와 맹자 간의 仁義를 둘러싼 안팎의 논쟁에 관해 섣불리 유불리나 시비를 단정할 수는 없다. 맹자가 꼭 내 안에 있는 '마음'만으로 義가 실현된다고는 하지 않았고, 고자 또한 義가 밖에 있다고 말했으나 사람의 실천적 행동을 부인하지는 않았기 때문이다.

맹자에게 '수오지심'은 의로움을 실천할 수 있는 단서가 되게 하지만, 그것만으로 충분한 조건은 아니다. 심지어 맹자는 사람들이 그 마음을 놓쳐버리고 찾을 줄 모른다고 개탄했다. "仁은 사람의 마음이요, 義는 사람이 걸어야 할 길이다. 그런데 그 길을 버려두고 따라가지 않는다."³ 맹자에 의하면 義는 내 안에 있지만 그것을 잃어버리고 찾지 않으면 결코 정의롭다고 할 수 없다.

주흥사는 절개와 청렴함 그리고 물러남을 '義'와 함께 붙여 놓았다. 혹시 이곳의 '節절'과 '廉염'과 '退퇴'는 스스로 정의로운 사람이 되기 위한 방법이기 때문은 아닐까.『맹자』가 말한 대로 '義'가 내 안에 있는 작은 단서에 불과하다면, 그것을 잘 지켜서 실현하는 방법으로 무엇이 있을까.

'節'은 대나무의 한 마디를 뜻한다. 그 의미에서 시작하여 맺음, 매듭, 변하지 않는 절개를 뜻한다. 어떤 일의 올바른 맺음은 시작한 곳에서 책임을 지고 올바르게 끝내는 것이다. 이는 스스로 애초에 품은 뜻을 잘 지켜야 한다는 의미이기도 하다. 그리고 그렇게 지켜나가려면 정직하고 깨끗해야 한다. 그래서 '廉', 즉 청렴함이 필요하다.

그런데 자신은 올바르고 청렴하게 절개를 지키며 그 일을 마치고자 하나, 외부의 환경이 도저히 그것을 허용하지 않을 수도 있다. 그때에는 과감하게 스스로 물러나는 길, '退'를 택해야 한다. 그것이 애초에 가진 올바름을 실현하는 길이다.

'정의란 무엇인가'라는 질문은 그것을 실천해야 하는 '인간은 무엇인가'란 질문과 깊이 연관되어 있다. 중국의 지식인들도 수천 년 전부터 그 질문을 던져왔다. 아직도 그 질문에 답하는 길은 넓게 열려있다. 여기에 주목할 만한 점이 있다면, 일찍부터 그런 질문을 했으며 그 대답을 찾으려는 과정이 면면히 이어져 왔다는 것이 그 문명 전통의 뿌리를 말해준다는 점이다.

【주석】
1 『논어·이인』: "君子, 無終食之間違仁, 造次必於是, 顚沛必於是."
2 『맹자·고자상』: "고자(告子)가 말했다. '먹는 것과 색을 밝히는 것은 性(성)이다. 仁(인)은 안에 있는 것이요 밖이 아니지만, 義(의)는 밖에 있는 것이요 안의 것이 아니다.' 맹자가 물었다. '무엇 때문에 仁은 안이요 義는 밖이라 하는가.' 고자가 대답했다. '저 사람이 나이 많으면 내가 그를 연장자로 대우하니 나에게 나이 많음이 있는 게 아니기 때문이다. 마치 저기에 흰 것이 있으면 내가 희다고 여기니, 그것은 내 밖에 있는 흼을 따라서 그러는 것과 같다. 그러므로 밖이라고 한 것이다.'

맹자가 다시 물었다. '흰 말의 흼이 다른 것이 흰 사람의 흼과 다르지 않다는 것인가. 나는 잘 모르겠다. 나이든 말의 나이듦이 나이든 사람의 나이듦과 다르지 않다는 것인가. 그러면 나이 많음이 의로운 것인가, 나이 많다고 여김이 의로운 것인가.' 고자가 대답했다. '내 아우이면 그를 아끼고 진(秦)나라 사람의 아우이면 아끼지 않는다. 그것은 나를 기준으로 기쁨을 삼기 때문이다. 그래서 그것은 안이라 한다. 초(楚)나라 사람 중 나이든 이를 나이 들게 대우하는 것은 또한 나의 연장자를 나이 들게 대우하는 것과 같으니 이는 나이듦을 기준으로 기쁨을 삼는 것이다. 그래서 그것을 밖이라 한다.' 맹자가 다시 말했다. '진나라 사람이 구운 고기를 좋아함은 내가 구운 고기를 좋아함과 다르지 않다. 대체로 사물은 그러함이 있다. 그렇다면 구운 고기를 좋아함도 또한 밖에 있는 것인가.'(告子曰, 食色 性也. 仁內也, 非外也. 義外也, 非內也. 孟子曰, 何以謂仁內義外也. 曰, '彼長而我長之, 非有長於我也. 猶彼白而我白之, 從其白於外也. 故謂之外也. 曰, '異於白馬之白也, 無以異於白人之白也, 不識, 長馬之長也, 無以異於長人之長與. 且謂長者義乎, 長之者義乎. 曰, 吾弟則愛之, 秦人之弟則不愛也. 是以我爲悅者也. 故謂之內. 長楚人之長, 亦長吾之長, 是以長爲悅者也. 故謂之外也. 曰, 耆秦人之炙, 無以異於耆吾炙. 夫物則亦有然者也. 然則耆炙, 亦有外與.)"

3 『맹자·고자상』: "맹자가 말했다. '仁(인)은 사람의 마음이요, 義(의)는 사람이 걸어야 할 길이다. 그 길을 버려두고 따라가지 않으며 그 마음을 놓치고 찾을 줄을 모르니 애석하도다. 사람들은 닭과 개를 놓치면 찾을 줄을 알지만 마음을 놓치면 찾을 줄을 모른다. 학문(學問)의 길은 다른 것이 아니라 놓친 마음을 찾는 것일 뿐이다.'(孟子曰, 仁人心也, 義人路也. 舍其路而不由, 放其心而不知求, 哀哉. 人有鷄犬放則知求之, 有放心而不知求. 學問之道, 無他, 求其放心而已矣.)"

◈ 고문자 설명

갑골문	소전	옳을 의

義는 갑골문부터 해서까지 모두 '羊(양)'과 '我(나 아)'로 구성되었다. 지금은 일인칭 대명사로 쓰이지만, 我는 본래 날이 달린 창을 상형한 글자다. 그래서 義는 양 장식이 더해진 의장용 창을 상형한 것으로 해석한다. 지금은 가차되어 주로 '정의'를 의미하는 글자로 쓰인다.

소전				청렴할 렴

廉은 한쪽 벽이 없는 집을 의미하는 '广(엄)'과 발음성분인 '兼(겸)'으로 구성되었다. 『설문』에서는 '집의 모서리 부분[仄]'이라고 풀이했다. 건축물이 바로 서려면 모서리가 직각으로 잘 만나야 한다. 거기에서 모서리의 각처럼 정확하고 올곧은 성품을 연상할 수 있다. 그래서 지금은 주로 '청렴하다'는 의미로 쓰인다.

금문	소전	물러날 퇴

退의 금문은 사거리를 의미하는 '行(행)'의 왼쪽 부분과 해[日] 아래에 사람의 발이 있는 모습으로 구성되었다. 발을 상형한 글자를 해를 등진 방향으로 놓아서 뒤로 물러난다는 뜻을 표현했다. 해서에서는 길과 발이 합해진 '辶(착)'으로 구성되어 본래 모습을 찾기 어렵게 되었다.

소전		아닐 비

匪는 '~가 아니다'라는 뜻의 부정사로 쓰이지만, 본래 '대나무로 만든 상자'를 뜻하는 글자다. 『설문』에서는 밖을 싸고 있는 '匚(방)'은 상자를 본뜬 것이고, '非(비)'는 발음성분이라고 풀이했다. 匪가 부정사로 가차되면서 본래 의미는 '竹(죽)'을 더하여 '篚(비)'자로 만들었다. 떼 지어 다니는 도적을 '匪賊(비적)'이라고 하는데, 이때의 匪도 역시 가차된 의미이다.

衡水中学 得廉義範

제49강

性靜情逸 心動神疲
성정정일 심동신피

본성과 감정

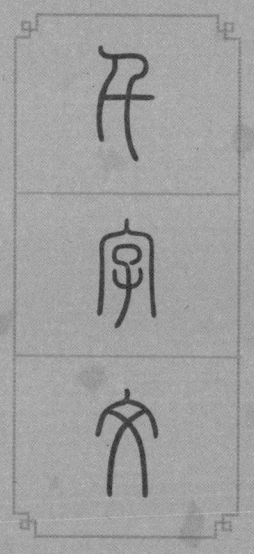

> 본성이 고요하면 감정도 편안하고
> 마음이 요동치면 몸도 피곤해진다.

이 두 구절은 본성과 감정, 마음과 몸에 관한 이야기다. 어찌 보면 요지는 간단하다. 마음과 몸은 함께 반응한다는 뜻이다. 흔들리고 불안한 마음은 대체로 몸을 피곤하게 한다.

몸을 피곤하게 만들지 않으려면 마음을 안정시켜야 한다는 것을 잘 알고 있다. 물론 마음을 안정시키는 길을 알고 있다면야 몸까지 상하게 하겠는가. 그런데 그 마음을 알기가 쉽지 않다. 열 길 물속은 알아도 한 길 사람 속은 모른다는 속담이 있다. 남의 맘, 내 맘 할 것 없이 알기 힘든 것이 사람 마음이다.

아마도 마음에 관한 논의는 인류가 생각을 아무리 쌓아도 완벽한 해답을 얻기 힘들 것이다. 그래도 계속 논의하지 않을 수 없다. 왜냐하면 밖에서 보이는 몸보다 보이지 않는 마음을 이해하기가 더 힘들기 때문이다.

이 구절에 의하면, 이해하기 힘든 마음속에 게다가 '性성'과 '情정'이 있다고 한다. 역자가 편의상 '性'은 '본성'으로, '情'은 '감정'으로 번역한 이 글자들을 어떻게 이해해야 할지 난감하다.

중국에서는 전국시대부터 '性'에 관한 논의가 활발했다. 앞 강에서도 이야기했듯이, 맹자孟子와 고자告子는 '性'에 관하여 격렬한 논쟁을 벌였다. 맹자는 다른 사람을 측은하게 여기는 마음이 선한 본성에서 나온다며 '性'의 선함을 강조했지만, 고자는 '性'을 선한 것도 불선한 것도 아니라고 했다. 우리가 이들의 논쟁에서 '性'의 선함과 불선함의 여부를 결정할 수는 없으나, 적어도 '性'은 사람이 '태어나면서부터 받은 마음의 바탕'을 가리키는 용어임을 알 수 있다. 그렇다면 우리가 '性'에 본성이라는 번역어를 부여하는 것은 나름 적절한 듯하다.

'情'을 감정으로 번역하도록 정의한 자료들은 다음과 같다. 『백호통白虎通』에 "기쁨, 노여움, 슬픔, 즐거움, 좋음, 미움을 가리켜서 여섯 가지 情이라 한다."는 문장이 있다.[1] 『예기禮記·예운禮運』에서도 "무엇을 사람의 情이라고 하는가. 기쁨,

노여움, 슬픔, 두려움, 좋음, 미움, 하고픔의 일곱 가지는 배우지 않아도 누구나 할 줄 안다."고 하였다.[2] 이들 문헌에 나오는 육정六情, 칠정七情 등을 통해, 우리가 아는 감정의 나열과 '情'을 연결해서 살펴볼 수 있다.

그런데 '性'의 선함을 강조한 『맹자』의 글에는 특별히 '情'과 '性'을 선명하게 구별한 대목이 보이지 않는다. 오히려 순자荀子의 시대가 되어서야 '性'과 함께 '情'을 논하는 것이 보이고, 특히 '情'을 좋음과 싫음 등의 인간의 욕구와 연결시켜 설명한 대목이 등장한다.

『순자荀子』에서는 인간의 본성 자체가 아예 악한 욕망에서 출발한다고 전제했다. 순자는 '性'을 극복하고 길들여야 하는 것으로 받아들여, '성악性惡'론을 자기 근간으로 삼았다. 그래서 『순자』에서는 본성[性]과 인위[僞]를 더 선명하게 구별하고, '性'과 '情'은 그다지 선명하게 구별하지 않았다. 욕망과 감정을 따르는 것이 인간의 본성이므로 '性'이 곧 '情'이 된다고 본 것이다. 그래서 순자에게 '性情'이나 '情性'은 다 같은 뜻을 가진 글자의 조합일 뿐이다. 예컨대 순자는 "이로움을 좋아하여 그것을 얻기를 바라는 것, 이것이 사람의 情性이다."[3]라고 하여 '情'과 '性'을 따로 구별하지 않고 함께 사용했다.

한대漢代에 와서 동중서董仲舒 또한 『춘추번로春秋繁露』에서 '性'에는 선한 바탕이 있으나 곧바로 선이 되는 것은 아니라고 하면서, '性'과 '情'을 그다지 구분하지 않았다. 동중서는 순자의 성악性惡 주장을 적극적으로 받아들이지는 않았으나, 그렇다고 맹자의 성선性善을 곧바로 긍정하지도 않았다. 동중서는 '性'에는 선할 수 있는 바탕은 있으나, 가르치고 훈육해야 선함을 완성할 수 있다고 강조했다. 그래서 '性' 자체가 선하다는 맹자의 주장을 부정했다. 그는 "性에 선한 바탕이 있다고 할 수 있으나, 아직 선하다고 여길 수는 없다."[4]고 분명하게 말했다.

그러나 주목할 부분은 동중서의 『춘추번로』부터 '性'과 '情'을 나누어서 해석하고 있다는 점이다. 동중서는 "사람의 몸에 性과 情이 있는 것은 마치 하늘에 음陰과 양陽이 있는 것과 같다."[5]고 했다. 『설문해자』에서도 性과 情을 구별하여 다음과 같이 풀이했다. "性은 사람의 양기陽氣로 본성에서 선한 것이다." "情은 사람의 음기陰氣로 욕망을 가진 것이다."[6] 허신許愼이 성의 선함과 인간의 욕망을 '性'과 '情'으로 대비시키고 있는 것은, 순자의 생각과 동중서의 이론을 교묘하게 결합한 것이라고 할 수 있다. 이로부터 우리는 맹자의 시대로부터 허신의 시대에 이르기까지, 性情을 가지고 인간의 본성과 감정 및 욕망과 상호 연관시킨 일이 오랜 세월 진행되어 왔음을 알 수 있다.

'性靜情逸성정정일'에서 말하는 '性'의 고요함과 '心動身疲심동신피'에서 말하는 '心[마음]'의 움직임으로 대비되는 '動'과 '靜'의 이론도 성성론 이상으로 길고 복잡한 역사를 가진다. 분명하게 대비가 보이는 시점은 『주역周易·계사전繫辭傳』에서부터다. 『주역·계사전』에 "動과 靜은 정해진 상도가 있으니, 굳셈과 부드러움이 그것으로 결정된다."[7]고 했다.

대략 이때부터 '동정론'은 당시와 그 이후의 사상계를 지배했다고 볼 수 있다. 후한後漢 시대에 위백양魏伯陽이 지은 『주역참동계周易參同契』에서 性情과 動靜이 결합한 문장이 분명하게 보이기 때문이다. '動靜應時동정응시', '推情合性추정합성', '性情交會성정교회'라는 문장이 바로 그것이다.[8]

인간을 설명하는 주요한 용어가 이렇게 서로 대비되는 짝을 맺게 되면, 그들 간의 상호관계를 설명하기가 훨씬 수월해진다. 이 강의 내용도 마찬가지다. 본성은 고요한 것이고, 그 본성을 잘 지켜서 감정을 편안하게 펼치면 마음 또한 안정된다.

마음을 안정시키면 편안한 몸을 유지할 수 있으나, 마음이 움직여서 요동치면 몸도 피곤해진다.

위진魏晉 시대의 주흥사는 성정론과 동정론이 이론적인 세련화를 거친 이후에 그것들을 활용하여 『천자문』을 완성했을 가능성이 높다. 그 결과가 바로 '性靜情逸성정정일, 心動身疲심동신피'이다.

【주석】

1 『백호통』: "喜怒哀樂愛惡, 謂六情."
2 『예기·예운』: "何謂人情, 喜怒哀懼愛惡欲, 七者不學而能."
3 『순자·성악(性惡)』: "夫好利而欲得者, 此人之情性也."
4 『춘추번로·실성(實性)』: "故曰, 性有善質, 而未能爲善也."
5 『춘추번로·심찰명호(審察名號)』: "천지(天地)에 의해 태어나는 것을 일컬어 性情(성정)이라 한다. …… 몸에 性情이 있는 것은 마치 하늘에 陰陽(음양)이 있는 것과 같다. 사람의 質(질)만 있고 情(정)이 없다고 말하는 것은 마치 하늘[天]에 陽(양)만 있고 陰(음)이 없다고 말하는 것과 같다.(天地之所生, 謂之性情. …… 身之有性情也, 若天之有陰陽也. 言人之質而無其情, 猶言天之陽而無其陰也.)"
6 『설문해자』 제10편 '心'부: "性, 人之昜气性善者也." "情, 人之陰气有欲者."
7 『주역·계사전』: 1장 "動靜有常, 剛柔斷矣."
8 『주역참동계』: 18장 "動靜應時." 19장 "推情合性." 21장 "性情交會"

◆ 박선수朴瑄壽와 『설문해자익징說文解字翼徵』

박선수(1821~1899)는 조선 후기의 문신文臣으로, 연암燕巖 박지원朴趾源의 손자이자 환재瓛齋 박규수朴珪壽의 동생이다. 그는 『설문해자』 중 체제상의 결함과 내용상의 오류를 바로잡으려는 목적을 가지고, 일생의 노력으로 『설문해자익징』을 완성했다.

1912년 광문사출판 석인본

이 책은 『설문해자』에서 모두 1,377개의 한자를 선별하여 수록한 뒤, 금문金文에 근거하여 『설문해자』를 보충하거나 수정했다. 『설문해자』가 근거한 소전小篆보다 더 오래된 금문을 가지고 글자의 본래 의미를 더 정확하게 분석하려는 과학적인 연구 방법을 수립한 것이다.

이 책의 내용 중에는 다소 주관적인 견해도 존재하지만, 현전하는 조선시대의 유일한 『설문해자』 주석서일 뿐 아니라, 동시대 중국 학자들의 견해를 답습하지 않고 독창적인 문자 해설과 과학적인 연구 방법을 수립했다는 측면에서 학술 가치가 높다.

◈ 고문자 설명

𢚱			性
소전			성품 성

性은 『설문』에서 마음을 의미하는 '心(심)'과 발음을 나타내는 '生(생)'으로 구성된 형성자로 분석했다. 그러나 生은 단순히 발음만 나타내는 것이 아니라, 의미성분의 역할도 한다. 性을 사람이 태어나면서[生] 바탕으로 가진 마음으로 이해하면, 본성이나 성품이라는 글자의 뜻이 더 명확해진다.

𢝺			情
소전			정 정

情은 마음을 의미하는 '心(심)'과 발음을 나타내는 '靑(청)'으로 구성된 형성자다. 앞에서 설명한 性이 날 때부터 지닌 변하지 않는 어떤 성질이라면, 情은 상황에 따라 수시로 변하는 감정, 즉 좋음, 싫음, 슬픔, 기쁨, 두려움, 즐거움 등을 가리킨다.

갑골문	소전	마음 심

心은 심장의 모습을 상형한 글자다. 오늘날에는 사유나 감각, 감정 등을 뇌의 활동으로 파악하지만, 고대인들은 심장에 그런 기능이 있다고 생각했다. 그래서 心은 심장뿐 아니라, 마음, 생각, 감정 등의 의미로 확대되었다. 心은 부수로 쓰일 때 모양이 달라지는데, 왼편에 놓일 때는 '忄', 아래에 놓일 때는 '心', '恭(공)'자나 '慕(모)'자 등에서는 '㣺' 형태로 쓴다.

금문	소전	귀신 신

神은 인간이 아닌 신령한 존재를 가리킨다. 왼편의 '示(시)'는 제단을 의미하는 글자이고, 오른편은 발음을 나타내는 '申(신)'이다. 원래 申은 번개가 번쩍이는 모습을 상형한 글자다. 갑골문에서는 이것이 바로 神을 나타내는 글자였다. 고대인들은 천둥번개가 치는 두려운 순간을 신의 활동으로 인식한 것 같다. 금문에서는 示를 추가하여 의미를 더 명확하게 드러냈다.

性静情逸 心動神疲

제50강

守眞志滿 逐物意移
수진지만 축물의이

참된 뜻을 지키기

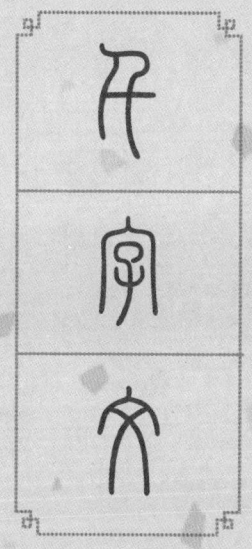

> 참다움을 지키면 그 뜻이 가득해지고
> 외물을 쫓아가다 보면 의지도 옮겨간다.

'守眞志滿수진지만'의 '守眞'은 내면의 순수하고 진실한 본성을 지키고 붙잡는다는 의미이다. 하지만 '逐物意移축물의이'의 '逐物'은 그와 대비되어 바깥의 사물을 따라 달려가는 것을 의미한다. 참된 내면을 잘 지켜야 하는데, 바깥의 화려한 것들만 좇다 보면 잘 가지고 있던 뜻도 달라진다고 해석할 수 있다. 언뜻 보기에 이 구절은 어려운 게 없어 보인다. 매우 압축적이고 교훈적이며 추상적이다.

하지만 과연 그렇게 쉬울까. 도대체 지켜야 하는 '眞진'은 무엇을 가리킬까. 앞 구절의 '志지'와 뒷구절의 '意의'는 어떻게 해석해야 할까. '物물'은 '意'와 어떤 관련이 있을까.

이런 의문이 들 때 우리는 고전에서 도움을 받을 수 있다. '守眞'이 나오는 고전부터 이야기해보자. 『장자莊子』에 '眞'에 관한 구절이 나온다. 바로 공자孔子와 어부의 대화에서이다. 공자가 자신은 잘못이 없는데도 여러 나라를 돌아다니며 비방을 당하고 곤경에 처한 것을 한탄하며 왜 그럴까 라고 묻자, 어부는 공자를 이렇게 평가했다. 공자는 인의仁義를 분명하게 알고, 같음과 다름의 한계를 볼 줄 알며, 감정을 다스리며 조절하면서도 화를 면치 못하는 사람이라고. 그러면서 또 이렇게 말했다. "그대의 몸을 근면하게 닦고 참됨을 신중하게 지키며 외물을 남에게 돌려준다면 화에 연루되는 일이 없을 것이다."[1]

만약 인의를 알고 세상의 모든 변화를 이해하며 희로애락喜怒哀樂의 감정을 잘 조절할 수 있는데도 화를 벗어나지 못하고 있다면, 그것이 자신의 잘못인가 세상의 잘못인가. 어부에게 질문한 공자도 이해하지 못했고, 우리도 이해할 수 없는 일이다. 그런데 어부는 자신의 몸을 닦고 참됨을 지키는 일을 하면 화를 면할 수 있을 것이라고 충고한다. '참됨을 지키는 일[守眞]'에서 '眞'은 무엇을 말하는 것일까.

『장자』가 중시한 '眞'이 어떤 것인지 알아보기 위해, 『장자』에 등장하는 '진인眞人'을 살펴보자. "진인은 모자란다고 억지 부리지 않고, 이루어도 우쭐거리지 않으며, 무엇을 하려고 꾀하지 않는다. 이런 사람은 실수를 해도 후회하지 않고 일이 잘되어도 자만하지 않는다." 『장자』의 진인은 후회할 일이 적고 잘난 것을 자랑하지 않으며 두려움이 없고 남에게 물들지 않는 사람이다.[2] 곧 내면의 성취를 강하게 완성한 사람이라는 말이다. 스스로 참된 내면의 성취를 이룩한다면, 그 사람의 뜻은 정말 안에서 가득 채워질 것이다.

'축물逐物'을 이야기한 고전 역시 『장자』이다. 『장자』에 축물했던 사람의 예로, 혜시惠施라는 인물이 나온다. 그는 송宋나라 사람으로 장자와 교류한 적이 있었고, 전국戰國시대 양혜왕梁惠王과 양양왕梁襄王 시절에 재상을 지낸 바 있다. 그러다가 당시 대단한 달변의 정치인 장의張儀에 의해 초楚나라로 쫓겨났고, 후에 고향으로 돌아와 생을 마쳤다. 장자가 말했다. "혜시는 방술方術을 많이 알아서 그의 책이 다섯 수레나 되었다. 그러나 그의 도는 어그러지고 잡다하여 그가 하는 말에 들어맞지 않았다."[3]

혜시는 대단히 박식하고 말을 잘하는 사람이었다. 장자의 비평은 주로 달변가들에게 맞추어져 있었는데, 그들은 말을 잘하는 것으로 유세했고 성공을 거두기도 했다. 혜시도 그중 한 사람이었다. 장자는 그 달변가들을 다음과 같이 비난했다. 마음을 장식하여 다른 사람의 의지를 바꾸고자 했으나, 다른 사람과 논쟁에서는 승리해도 그 마음을 설복시키지는 못했다. "혜시는 스스로 그의 마음을 편안하게 하지 못했고 만물에 분산되었어도 만족하지 않았으며, 끝내 논변을 잘하는 것으로 명성을 떨치게 되었다. 애석하다. 혜시의 재능이여. 방탕하여 정도를 얻지 못했고 만물을 쫓아다니며 제 자리로 돌아오지 못했구나. 메아리를 멈추고자 오히려 소리를 내고 몸이 그림자를 벗어나고자 경주하는 것과 같았다. 슬프다."[4]

혜시의 경우를 토대로 '수진지만, 축물의이'를 해석하면 이렇다. '眞'을 지키는 일은 내 안의 뜻을 가득 채워 참되게 만들지만, 외물을 좇는 일은 내가 전달하려는 뜻도 모두 본래의 자리에서 옮겨가게 만든다. 본래는 혜시도 세상에서 참됨을 구하기 위해 변론을 시작했을 것이다. 그러나 외물을 추구하여 변론을 일삼는 것은, 오히려 본인이 원래 지녔던 뜻조차도 다른 쪽으로 기울거나 변하게 할 뿐이다. 주흥사가 장자의 언어를 빌려서 하고 싶었던 말이 바로 이것이 아닐까.

【주석】

1 『장자·어부(漁父)』: "심하구나. 그대의 깨닫기 어려움이. 자기 그림자를 두려워하고 자기 발자취를 싫어하여 그것을 떨쳐버리고자 달려가는 사람은 발움직임이 빠를수록 자취가 더욱 많아지고 달리기가 급해질수록 그림자가 몸에 떨어지지 않거늘, 스스로는 오히려 더디다고 생각하여 쉬지 않고 질주하여 힘이 빠져 죽게 된다. 그늘에 가서 그림자가 없어지게 하고 고요히 가만히 있어서 발자취가 다시 나타나지 않게 할 줄을 모른다. 어리석음이 심하구나! 그대는 인의(仁義) 사이를 자세히 살피고 같음과 다름의 한계를 관찰하고 동정(動靜)의 변화를 보고 주고받는 한도를 맞게 하고 호오(好惡)의 감정을 다스리며 희노(喜怒)의 조절을 조화롭게 하면서도 화를 면하지 못하는구나. 그대의 몸을 근면하게 닦으며 참됨을 신중하게 지키며 외물은 남에게 돌려준다면 화에 연루되는 일이 없을 것인데, 지금은 자신의 몸은 닦지 않고 남에게서 구하고자 하니 그것은 밖으로 벗어난 일이 아닌가!(甚矣. 子之難悟也! 人有畏影惡迹而去之走者, 擧足愈數而迹愈多, 走愈疾而影不離身, 自以爲尙遲, 疾走不休, 絶力而死. 不知處陰以休影, 處靜以息迹, 愚亦甚矣! 子審仁義之間, 察同異之際, 觀動靜之變, 適受與之度, 理好惡之情, 和喜怒之節, 而幾於不免矣. 謹修而身, 愼守其眞, 還以物與人, 則无所累矣. 今不修之身而求之人, 不亦外乎!)"

2 『장자·대종사(大宗師)』: "옛날의 진인(眞人)은 모자란다고 억지부리지 않고, 이루어도 우쭐거리지 않고, 무엇을 하려고 꾀하지 않았다. 이런 사람은 실수를 해도 후회하지 않고 일이 잘 되어도 자만하지 않았다. 높은 곳에 올라도 두려워하지 않고 물에 들어가도 젖지 않고 불에 들어가도 뜨거워하지 않았다. 그의 앎이 높이 올라서 道(도)에 이르렀기 때문이다.(何謂眞人? 古之眞人, 不逆寡, 不雄成, 不謨士. 若然者, 過而弗悔, 當而不自得也. 若然者, 登高不慄, 入水不濡, 入火不熱. 是知之能登假於道者也, 若此.)"

3 『장자·천하(天下)』: "惠施多方, 其書五車, 其道舛駁, 其言也不中."

4 『장자·천하』: "惠施不能以此自寧, 散於萬物而不厭, 卒以善辯爲名. 惜乎! 惠施之才, 駘蕩而不得, 逐萬物而不反, 是窮響以聲, 形與影競走也. 悲夫!"

◆ **고문자 설명**

業	峑	志
금문	소전	뜻 지

금문과 소전을 보면 志는 '士(선비 사)'가 아니라 '之(갈 지)'로 구성되었다. 之는 본래 땅위에 발바닥이 놓인 모습을 상형하여, 사람이 발로 걸어간다는 뜻을 나타낸 글자다. 志자에서는 발음성분인 동시에 의미성분으로 이해할 수 있다. 마음이 가는 곳이 바로 志인 것이다.

逐	逐	逐
갑골문	소전	쫓을 축

逐의 갑골문은 돼지를 상형한 '豕(시)'자 아래에 발바닥 모양을 그려 넣어, 돼지를 잡기 위해 뒤쫓는 상황을 표현했다. 소전에서는 발바닥이 부수 '辵(착)'으로 변했는데, 이것은 길을 의미하는 '行(행)'자의 왼쪽 부분과 발바닥 모양이 결합된 것이다. 집 밖에서 들짐승을 뒤쫓아 사냥한다는 의미를 분명하게 보여준다.

![甲骨文]	![소전]	![만물 물]
갑골문	소전	만물 물

物은 의미 성분인 '牛(소 우)'와 발음 성분인 '勿(말 물)'로 구성된 형성자다. 원래는 잡색의 소를 의미하는 글자였는데, 털의 색깔로 종류와 등급을 구별할 수 있기 때문에, 소의 종류와 등급을 가리키는 글자가 되었다. 또 사물마다 고유한 모양과 색깔이 있다는 측면에서, '만물'이라는 의미로도 파생되었다.

![소전]		![뜻 의]
소전		뜻 의

意는 '音(소리 음)'과 '心(마음 심)'으로 구성된 회의자다. 구성성분의 의미를 조합하면 마음의 소리, 즉 사람의 마음이라는 뜻이다. 한자에 '뜻'이라는 의미를 가진 글자가 여러 개인데, 그 중 '意'는 다소 주관적이고 개인적인 의미이고, '義(뜻 의)'는 객관적이고 사회적인 의미이다. 그리고 '志'는 마음에 품은 뜻이다.

自真志滿 逐物意移

제51강

堅持雅操 好爵自縻
견지아조 호작자미

높은 벼슬을 얻는 법

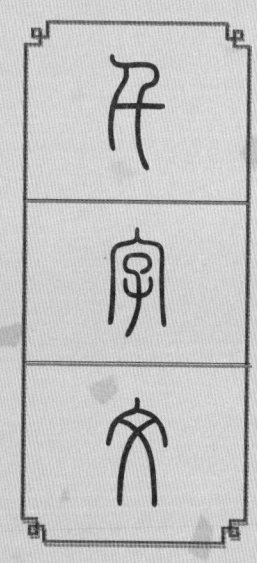

> 올바른 마음가짐을 굳게 지켜낼 수 있다면
> 좋은 벼슬자리는 저절로 이어진다.

'好爵自縻호작자미'의 '好爵호작'이라는 말은 『주역·중부괘 中孚卦』에 보인다. "그늘에서 학이 우는구나. 그 새끼가 화답하는구나. 나에게 좋은 벼슬이 있으니, 내 너와 함께 그것을 이으리라."[1] 「중부괘」에 '好爵호작'과 '縻미'자가 함께 등장하는 것을 보면, '호작자미'는 분명 여기에서 유래한 것이다.

고대 중국에서는 특별히 반역죄를 저지르거나 모함당하여 망명하지 않으면 대를 이어 좋은 벼슬을 계승할 수 있었다. 그러니 누구나 좋은 벼슬을 원하지 않았겠는가. 하지만 그것을 계속 세대를 이어 물려받기는 쉽지 않았다. 적을 만나면 언제든 깨어지고 부서져서, 가문이 망하거나 곤경에 처하기 십상이었다.

이 구절에서는 '호작자미'하는 방법으로 '堅持雅操견지아조'를

말하고 있다. '견지아조'는 스스로 올바른 마음가짐을 지키
라는 뜻으로, 조상의 은덕이나 남의 도움을 통해서 무엇을
이루려 하기 보다 자신의 노력으로 성취하고자 한다는 의미
가 들어있다. 여기서 '올바른 마음가짐'을 뜻하는 '雅操아조'
는 무엇일까.

『주역·건괘乾卦』의 첫 번째 구절은 "하늘의 운행은 굳건하니
군자는 스스로 강하게 만드는 일을 절대로 멈추지 않는다."[2]
이다. 이는 스스로 강한 인격을 갖추고 독립적인 의지를 지
속할 수 있어야 비로소 하늘이 그를 돕는다는 뜻이다. 스스로
강하게 만드는 일을 멈추지 않는 것, 즉 '자강불식自强不息'하
는 태도가 곧 '아조'임을 설명하는 구절이다.

『논어』에는 '작록爵祿'의 '祿녹'에 대해 다음과 같이 말하고 있
다. "말에 탓함이 없고 행동에 후회가 없다면 '祿'은 그 가운
데 있을 것이다."[3] 또한 공자는 잘 배우고 도道를 잘 실천하려
고 노력하면, '祿'이 그 가운데 있을 것이니 가난할까 근심하
지 말고 먹을 것이 없을까 근심하지 말라고 했다.[4] '祿'을 구
하는 것은 그 때문이 아니라는 뜻이다. 이 구절 또한 '호작'과
연관된 '아조'가 무엇을 뜻하는지 잘 풀이하고 있다.

그런데 자신의 현능함을 군주가 알아주지 않을 때는 어찌해야 할까. 그때에도 '견지아조'해야 하는가. 『논어』에는 "남이 나를 알아주지 않아도 화내지 않으면 역시 군자가 아닌가."[5]라는 구절이 보인다. 그러니 '아조'는 남이 알아주지 않을 때도 굳건히 지켜야 하는 마음가짐이다.

『맹자』에서는 하늘이 주는 작위, '천작天爵'을 이야기했다. 어질고 의롭고 충성스럽고 믿음직하며 선한 일을 좋아하여 게으르지 않으면 그것이 바로 하늘이 준 작위라고 했다.[6] 이것도 '견지아조'의 또 다른 함의이다.

이와 달리 순자荀子는 작록을 군주의 관점에서 말한다. 현능한 이가 있다면 그를 천거하고 위位를 높여주어야 한다. 그 기준은 그가 예의를 갖추었는가의 여부이며, 이를 기준으로 귀천과 빈부 및 경중의 차등으로 위를 맞추고 관직의 등급을 맞추라고 하였다.

『순자·왕제王制』에서 말했다. "현명하고 능력 있는 자는 순서를 기다리지 않고 천거한다." "비록 왕공사대부의 자손이라 해도 예의를 실천할 수 없다면, 그를 일반 백성으로 되돌아가게 한다. 비록 일반 백성이라 해도 학식을 잘 닦고 행실을 바르게 하여 예의를 실천할 수 있다면, 그를 경대부로 돌아가게 한다."[7]

예의를 실천하는 현명한 이에게 그에 맞는 녹봉과 지위를 주어야 한다고 순자는 분명하게 주장한다. 『순자·부국富國』에서는 이렇게 말했다. "예禮라는 것은 귀천에 차등을 주고 장유長幼에도 차등을 주어, 빈부와 경중이 모두 그에 맞도록[稱] 하는 것이다." "덕德이 있다면 반드시 위位를 그에 맞추고, 위位가 있다면 반드시 녹祿을 맞추며 녹祿이 있다면 반드시 그것에 쓰임을 맞춘다." "사士 이상은 반드시 예악禮樂으로 조절하게 하고 여러 백성은 반드시 법수法數로 다스리게 한다." "그렇게 되면 천자로부터 모두 일반 백성에 이르기까지, 크고 작은 모든 일에 관계 없이 그것으로 미루어 처리하므로, 조정에는 요행스러운 작위가 없고 백성에게는 요행스러운 생계가 없다고 하는 말이 있으니, 이것을 가리킨다."[8]

맹자와 공자는 스스로 내면의 수양과 정진을 통해 얻어지는 녹봉과 지위를 말하였고, 순자는 현명함을 외부에서 인정받아 얻어지는 녹봉과 지위를 말하였다. 이들 모두 녹봉과 지위는 그 사람의 덕과 현명함에 부합해야 한다는 점을 부정하지 않았다. 그 덕과 현명함이 바로 '아조雅操'의 다른 이름이다.

【주석】

1 『주역·중부괘』: "鳴鶴在陰, 其子和之, 我有好爵, 吾與爾縻之."
2 『주역·건괘』: "天行健, 君子以自强不息"
3 『논어·위정(爲政)』: "言寡尤, 行寡悔, 祿在其中矣."
4 『논어·위령공(衛靈公)』: "군자는 道(도)를 잘 실천할까 모색하며 먹을 것을 모색하지 않는다. 밭을 갈아도 굶주림이 그 안에 있을 수 있다. 그러나 배우고자 하면 祿(녹)이 그 가운데 있을 것이다. 군자는 道를 근심하며 가난할까 근심하지 않는다.(君子謀道不謀食. 耕也, 餒在其中矣. 學也, 祿在其中矣. 君子憂道不憂貧.)"
5 『논어·학이(學而)』: "人不知而不慍, 不亦君子乎."
6 『맹자·고자상(告子上)』: "맹자가 말했다. '천작(天爵)이 있고, 인작(人爵)이 있다. 어질고 의롭고 충성스럽고 믿음직하며 선을 좋아하여 그것을 실천하기에 게으르지 않으면, 이것이 천작이다. 공경대부는 인작이다. 예전 사람들은 천작을 잘 닦아서 인작이 따라오게 하였다.'(孟子曰, 有天爵者, 有人爵者. 仁義忠信, 樂善不倦, 此天爵也. 公卿大夫, 此人爵也. 古之人修其天爵, 而人爵從之.)"
7 『순자·왕제』: "賢能不待次而擧, …… 雖王公士大夫之子孫也, 不能屬於禮義, 則歸之庶人. 雖庶人之子孫也, 積文學, 正身行, 能屬於禮義, 則歸之卿相士大夫."
8 『순자·부국』: "禮者, 貴賤有等, 長幼有差, 貧富輕重, 皆有稱者也. …… 篤必稱位, 位必稱祿, 祿必稱用, 由士以上則必以禮樂節之, 衆庶百姓則必以法數制之. …… 故自天子通於庶人, 事無大小多少, 由是推之. 故曰, 朝無幸位, 民無幸生. 此之謂也."

◆ 고문자 설명

堅				堅
소전				굳을 견

堅은 흙을 나타내는 '土(토)'와 견고하다는 뜻의 '臤(간)'으로 구성되었다. 본래는 땅이 굳고 단단하다는 뜻인데, 의미가 확대되어 모든 견고한 것을 나타내는 글자가 되었다. 臤의 갑골문은 손으로 눈을 잡고 있는 모습(臤)이다. 포로의 눈을 멀게 하고 단단히 잡아끄는 모습을 표현한 것으로, 여기에서 '견고하다'는 뜻이 나온 것 같다.

雅				雅
소전				바를 아

雅는 발음 성분인 '牙(아)'와 새를 뜻하는 '隹(추)'로 구성된 형성자다. 본래 까마귀를 가리키는 글자였는데, 일찍이 가차되어 '바르고 우아하다'는 뜻을 나타내는 글자가 되었다. 지금도 자주 쓰는 '우아(優雅)', '청아(淸雅)', '아량(雅量)', '아담(雅淡)' 등의 한자어를 구성한다.

好는 여성을 의미하는 '女(녀)'와 아들을 의미하는 '子(자)'로 구성된 회의자다. 갑골문을 보면 여성이 아이를 앞에 안고 보살피는 모습처럼 보인다. 고대에는 여성의 중요한 임무 중 하나가 자녀를 낳아 기르는 일이었기 때문에, 이런 구조로 좋고 아름다운 것을 표현하는 글자를 만들었다. '기호(嗜好)'나 '애호(愛好)' 등의 단어에서는 '좋아한다'는 뜻이다.

갑골문을 보면 自는 사람의 코를 상형한 글자다. 그런데 일찍부터 자기 자신이나 저절로 그러한 것, 또 '~로부터'라는 의미를 나타내는 글자로 가차되었다. 그래서 코를 뜻하는 글자는 自 아래에 발음성분인 '畀(비)'를 더하여 새로 '鼻(코 비)'자로 만들었다.

堅持雖操 好慶自靡

제2권을 마무리하며

우리는 머리말에서 천 개의 글자가 천 개의 무늬이고 그 무늬들 속에 저마다의 이야기가 담겨있으며, 다시 여덟 글자의 구절은 무늬들이 어우러져 화음을 이루는 하나의 소곡小曲이 된다고 말하였다.

그런데 제1권과 제2권을 집필하고 나서 읽어볼수록, 그 소곡들이 모여 앞의 내용을 이어받고 뒤의 내용을 열어주면서 긴 흐름의 악장樂章을 만들고 있다는 것을 알게 되었다.

예컨대 제1권의 악장은 모두 셋이다. 하늘과 땅을 이야기하는 제1강에서 강과 바다를 말하는 9강까지 천지의 시작과 자연을 노래한다. 제10강에서 18강까지는 인류와 문물의 시작, 그리고 국가 왕조의 등장을 논한다. 그리고 제19강에서 25강까지는 나라를 운영하는 통치자가 무엇을 수행해야 하는지 노래한다.

그렇다면 제2권에 나오는 구절의 앞뒤로는 어떠한 흐름이 이어지고 있을까. 제2권의 첫 강인 제26강에서는 성현聖賢이 등장하고 있다. 이어지는 제27강으로부터 33강까지는 성현이 높이 받들어야 하는 가치 있는 덕목에 대해 노래한다. 덕과 이름, 올바른 용모, 선한 영향력, 시간의 중요성, 충과 효 등을 이야기한다. 그리고 제34강에서 향기로운 난초와 무성한 소나무처럼 그런 인격을 갖추라고 노래한다. 이것이 제2권 첫 번째 악장의 흐름이다.

두 번째 악장은 제35강에서 40강까지인데, 이곳에서는 앞 구절들에서 말한 성현의 덕목을 실천하는 방법을 이야기한다. 행동거지와 언어사용을 조심하며, 성실하고 일관된 태도를 갖추어야 하며, 잘 배워서 벼슬길로 나아가 공공의 가치를 실현할 것을 노래한다. 그것이 큰 업적을 세우는 기초가 되기 때문이다.

세 번째 악장은 제41강에서 46강까지이다. 주요한 주제는 예禮이다. 사람은 성별, 나이, 직위에 따라 각각 다른 관계 속에 놓인다. 그때마다 지켜야 할 예의가 다르다. 즉 상하 관계에 놓일 때부터, 부부일 때, 스승과 제자일 때, 직계 가족일 때와 방계 친속 관계일 때, 형제 관계 및 친구 관계일 때까지 지켜야 할 예의를 노래하고 있다.

제2권의 마지막 악장은 제47강에서 51강까지로, 인간의 본성을 이야기하고 내면에서 지켜야 할 것을 노래한다. 즉 인자함과 의로움, 성정의 편안함, 참된 뜻과 굳건한 지조 등이다.

제1권과 제2권이 이렇게 흐른다면 그 뒤에도 앞뒤로 어우러지는 흐름이 있을까. 우리는 한꺼번에 엮으면 책이 너무 두꺼워질까 우려하여 임의로 다섯 권으로 분권한 것뿐인데, 집필하면서 소곡에서 악장으로 확장되는 것을 알게 되었다. 주흥사周興嗣가 만든 대교향곡의 제3권 내용이 무엇일지 기다려지는 이유다.

2024년 5월

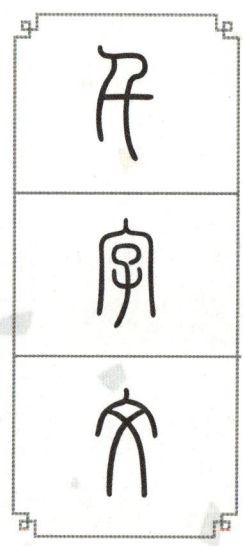

자료 출처

찾아보기

자료 출처

고문자 자형: 漢典 www.zdic.net/
유튜브 〈염문 천자문〉: www.youtube.com/@user-ic8ps9sw2h
블로그 〈염문 천자문〉: blog.naver.com/shuowen1928

p.97 「설문해자」 서현본徐鉉本 **이미지**: 說文解字 漢 許愼 撰 宋 徐鉉 校定 淸 同治12年(1873) 陳昌治刻本 영인본 中華書局 1989.

p.107 **옥편 이미지**: https://kyudb.snu.ac.kr/

p.135 **편종**: https://encykorea.aks.ac.kr/Article/E0059855

p.159 「설문해자주」 경운루본經韻樓本 **이미지**: 說文解字注 漢 許愼 撰 淸 段玉裁 注 嘉慶20年(1815) 經韻樓刻本 영인본 臺灣 天工書局 1992.

찾아보기 : 〈고문자 설명〉에 있는 한자는 해당 페이지에 빨간색을 표시했다.

ㄱ
갈竭 81
감甘 97, 137, 152, 153, 158
거去 159
건建 31
견堅 13, 269, 274
경慶 47
경景 11, 31
경竟 131
고姑 196
곡谷 32, 33, 36
공孔 21, 92, 101, 260
교交 92, 215, 216, 217, 220, 251
군君 61, 67, 86, 91, 163, 174
귀貴 164, 165, 166, 168
규規 217, 218
극克 13, 16, 31
기基 131
기氣 206, 211, 250

ㄴ
념念 13, 31, 157

ㄷ
단端 23, 31
당堂 157
당棠 152, 153
당當 77, 81
덕德 21, 23, 24, 26, 31, 33, 272
독篤 121, 122, 131
동動 112, 251, 252
동同 87, 206, 211, 251
등登 141, 146

ㄹ
란蘭 92
력力 76, 81
렴廉 237, 239, 242
례禮 81, 165, 169, 179, 229, 248, 272
리履 82, 86

리離 225, 233
립立 31

ㅁ
마磨 217, 221
만滿 259
명名 21, 23, 24, 26, 31, 132
명命 74, 81
모母 183, 184, 185, 191
목睦 173, 174, 175, 177
무無 123, 131, 137
물物 163, 259, 261, 265
미美 47, 126, 131
미糜 269

ㅂ
박薄 82
백伯 11, 152, 196, 251
벽璧 51, 52
별別 164, 221
보寶 56
복福 41, 74
봉奉 183, 184, 191
부傅 183
부夫 174, 176, 179
부婦 174, 176, 179
부父 61, 62, 97
분分 57, 216, 217, 221
불不 102, 104, 106, 131, 186
불弗 225, 233
비匪 243
비卑 164, 165, 169
비比 153, 196, 201, 227
비非 51, 56, 96, 243

ㅅ
사事 61, 66, 134, 153, 163, 178, 179
사仕 141
사似 96

사思 97, 116, 131
사斯 96
사辭 112, 113, 131, 251
상上 24, 173, 174, 175, 178
선善 32, 41, 47, 228, 250
섭攝 143
성性 227, 228, 248, 249, 250, 251, 254
성聖 13, 17, 31, 33
성聲 36, 132
성誠 131, 153
소所 131, 136
수受 183, 190
수守 259, 260
수殊 164, 166
수隨 174, 176
숙叔 95, 196, 200
숙夙 87
습習 37, 142
시是 57
식息 102, 104, 131, 200, 270
신愼 95, 122, 131, 250
신神 33, 41, 255
심心 26, 47, 73, 116, 226, 232, 238, 251, 252, 254, 255, 265
심深 82
심甚 131, 132, 137

ㅇ

아兒 196, 201
아雅 269, 270, 272, 274
악惡 41, 249, 250
악樂 134, 163, 164, 165, 166, 168
안安 95, 117, 131
약若 131, 157
언言 47, 112, 131
업業 131, 132, 133, 134, 136
여如 52, 82, 132
여與 67
연連 206
연淵 82, 104, 107, 131, 144
연緣 41
영暎 104, 131

영榮 131
외外 183, 186, 190
용容 111, 116, 131
우優 141, 142, 274
우友 215, 216, 217, 220
유猶 196
유維 31
은隱 225, 226, 237
음陰 52, 153, 250
의儀 183, 184, 185
의宜 11, 131
의意 259, 265
의義 47, 63, 229, 237, 238, 239, 242, 260, 265
이以 96, 152, 158
이移 259
이而 96, 159
인仁 63, 93, 225, 226, 227, 229, 232, 237, 238, 239
인因 41, 46
일逸 251, 252
임臨 86
입入 183, 184

ㅈ

자子 21, 22, 23, 32, 42, 43, 51, 52, 76, 91, 101, 123, 134, 143, 179, 185, 196, 197, 200, 225, 226, 227, 238, 248, 249, 259, 260, 271, 275
자慈 225, 237
자自 37, 102, 269, 270, 275
자資 61, 66
자籍 131, 132
작作 13, 17, 31
작爵 269, 270, 271
잠箴 217, 218
전傳 113, 123, 157, 185, 186, 251
절切 217
절節 237, 239
정定 117, 131
정情 198, 228, 248, 249, 250, 251, 252, 254
정政 141, 143, 144, 147
정正 23, 31, 57, 117, 144, 147, 200
정靜 251, 252

제弟 210
제諸 196
조操 207, 269, 270, 272
조造 134, 225, 232
존存 152
존尊 164, 165
종從 143, 147, 201
종終 122, 127, 131
즉則 81
지之 42, 51, 92, 97, 185, 198, 226, 238, 264
지志 259, 264, 265
지持 269
지枝 206
지止 11, 111, 112, 131, 147
직職 134, 136, 143
진盡 77, 81, 158
진眞 122, 206, 259, 260, 262
징澄 104, 131

ㅊ

차次 66, 225
창唱 174, 176, 177
척尺 51
천川 104, 131
천賤 164, 165, 166
초初 122, 126, 131
촌寸 52, 57
축逐 259, 261, 264
충忠 71, 73, 81, 195
취取 104, 107, 131
측惻 225, 226, 237

ㅌ

퇴退 237, 239, 240, 243
투投 216, 217

ㅍ

표表 23, 27, 31
피疲 251, 252

ㅎ

하下 173, 174, 175, 177, 178
학學 134, 136, 141, 142, 146, 157
행行 11, 16, 31, 47, 103, 112, 147, 243, 264

허虛 32, 37
현賢 13, 31
형兄 210
형形 23, 27, 31
호好 269, 275
화和 51, 95, 173, 174, 175, 177, 178
화禍 41, 46, 74
회懷 136
효孝 61, 71, 76, 81, 195, 205
훈訓 157, 183
흥興 14, 87

287

염문 천자문 제2권
천 개의 무늬 천자문

발행일
초판 1쇄 2024년 5월 30일

지은이   염정삼 문준혜 신주리
펴낸이   박혜정
펴낸곳   재희의 서재

등록번호   2022-000011(2022년 2월 9일)
주소   서울시 강북구 인수봉로 72길4(01032)
전화   02) 996-3342
전자우편   piaohuiting10@naver.com
홈페이지   https://blog.naver.com/piaohuiting10
인스타그램 /jays_books_2023

ISBN 979-11-982280-8-6 (04700)
ISBN 979-11-982280-0-0 (세트)

책값은 뒷날개에 표시되어 있습니다.
잘못된 책은 구입한 곳에서 교환해드립니다.
이 책의 판권은 저자와 출판사 재희의 서재에 있습니다.
양측의 서면 동의 없는 무단 전재 및 복제를 금합니다.
책에 사용한 폰트는 KOPUB 바탕체, KOPUB 돋움체,
조선궁서체, 서울한강체, Times New Roman체 입니다.

제2권

제26강

떳떳한 일을 실행하려면 현인을 생각하고
극기를 염두에 두고 성인이 되고자 하라.

景 별 경		景	
行 다닐 행		行	
維 얽을 유		維	
賢 어질 현		賢	
克 이길 극		克	
念 생각할 념		念	
作 지을 작		作	
聖 성인 성		聖	

제27강

덕을 세워야 이름이 올바로 서고
몸을 단정하게 만들어야 외양이 바르게 된다.

德 덕 덕			德	
建 세울 건			建	
名 이름 명			名	
立 설 립			立	
形 모양 형			形	
端 단정할 단			端	
表 겉 표			表	
正 바를 정			正	

제28강

> 빈 골짜기에서는 소리가 더욱 잘 전해지고
> 비어있는 집에서는 더욱 잘 들린다.

空 빌 공		篆書	
谷 골짜기 곡		篆書	
傳 전할 전		篆書	
聲 소리 성		篆書	
虛 빌 허		篆書	
堂 집 당		篆書	
習 익힐 습		篆書	
聽 들을 청		篆書	

제29강

화는 악행이 쌓임으로 인한 것이고
복은 선행과 경사스러운 일에서 연유한 것이다.

禍 재앙 화			禍		
因 인할 인			因		
惡 악할 악			惡		
積 쌓을 적			積		
福 복 복			福		
緣 가장자리 연			緣		
善 착할 선			善		
慶 경사 경			慶		

제30강

> 일척이나 되는 벽옥이 보배가 아니라
> 순간의 시간조차 다투어 아껴야한다.

尺 자 척		尺		
璧 구슬 벽		璧		
非 아니다 비		非		
寶 보배 보		寶		
寸 마디 촌		寸		
陰 그늘 음		陰		
是 옳다 시		是		
競 다투다 경		競		

제31강

아버지를 섬기는 것에 기대어 군주를 섬겨야 하니
그것을 엄숙함과 공경함이라고 말한다.

資 재물 자		𣣎	
父 아버지 부		𠂊	
事 섬기다 사		事	
君 임금 군		君	
曰 가로되 왈		曰	
嚴 엄하다 엄		嚴	
與 더불 여		與	
敬 공경할 경		敬	

제32강

> 효도는 마땅히 힘을 다해야 하고
> 충성한다면 곧 목숨을 바칠 정도여야 한다.

孝 (효도 효)		孝(전서)
當 (마땅할 당)		當(전서)
竭 (다할 갈)		竭(전서)
力 (힘 력)		力(전서)
忠 (충성 충)		忠(전서)
則 (곧 즉)		則(전서)
盡 (다할 진)		盡(전서)
命 (목숨 명)		命(전서)

제33장

> 깊은 못에 임하듯 얇은 얼음을 밟듯 행동하고
> 일찍 일어나 여름에는 서늘하게 겨울에는 따뜻하게 모신다.

臨			臨		
임할 임					
深			深		
깊을 심					
履			履		
밟을 리					
薄			薄		
엷을 박					
夙			夙		
일찍 숙					
興			興		
일어날 흥					
溫			溫		
따뜻할 온					
淸			淸		
서늘할 정					

제34강

> 난초가 향기로운 것과 비슷하고
> 소나무의 무성함과 같다.

| 似 같을 사 |
| 蘭 난초 란 |
| 斯 이 사 |
| 馨 향기 형 |
| 如 같을 여 |
| 松 소나무 송 |
| 之 가다 지 |
| 盛 성할 성 |

제35강

> 냇물은 흘러가며 멈추지 않고
> 연못은 맑아 그곳에 비춘 모습을 얻는구나.

川 내 천		川		
流 흐를 류		流		
不 아닐 불		不		
息 쉴 식		息		
淵 못 연		淵		
澄 맑을 징		澄		
取 취할 취		取		
暎 비칠 영		暎		

제36강

> 몸가짐은 생각하는 듯 신중하게
> 말은 편안하고 안정되게.

| 容 얼굴 용 |
| 止 그칠 지 |
| 若 같을 약 |
| 思 생각 사 |
| 言 말씀 언 |
| 辭 말씀 사 |
| 安 편안할 안 |
| 定 정할 정 |

제37강

시작을 독실하게 하는 것이 참되고 아름다우며
끝을 신중히 하는 것이 마땅하고 훌륭하다.

篆	楷
篤 도타울 독	篤
初 처음 초	初
誠 정성 성	誠
美 아름다울 미	美
愼 삼갈 신	愼
終 마치다 종	終
宜 마땅할 의	宜
令 하여금 령	令

제38강

영화로운 업적의 바탕이 되니
명성이 더욱 성해져서 끝이 없구나

榮 영화 영		榮(전서)		
業 일 업		業(전서)		
所 바 소		所(전서)		
基 터 기		基(전서)		
籍 문서 적		籍(전서)		
甚 심할 심		甚(전서)		
無 없을 무		無(전서)		
竟 다할 경		竟(전서)		

제39강

> 배움이 넉넉해지면 벼슬길에 들어서고
> 직책을 맡게 되면 정치에 종사하라.

學 배울 학	學
優 넉넉할 우	優
登 오르다 등	登
仕 벼슬 사	仕
攝 당기다 섭	攝
職 벼슬 직	職
從 따르다 종	從
政 정치 정	政

제40강

> 소공 석이 선정을 베풀었던 팥배나무를 잘 보존하고
> 그가 세상을 떠나자 그 업적을 더욱 노래했다.

存 있을 존		㞢	
以 써 이		㠯	
甘 달다 감		甘	
棠 해당화 당		棠	
去 가다 거		去	
而 어조사 이		而	
益 더할 익		益	
詠 읊을 영		詠	

제41강

음악은 귀천에 따라 다르고
예는 존비에 따라 구별된다.

樂 음악 악			樂		
殊 다를 수			殊		
貴 귀할 귀			貴		
賤 천할 천			賤		
禮 예절 례			禮		
別 다를 별			別		
尊 높을 존			尊		
卑 낮을 비			卑		

제42강

> 윗사람이 화합하면 아랫 사람이 공경하고
> 남편이 앞서면 아내가 뒤따른다.

上 윗 상		上
和 화할 화		和
下 아래 하		下
睦 화목할 목		睦
夫 남편 부		夫
唱 부를 창		唱
婦 아내 부		婦
隨 따를 수		隨

제43강

> 밖에 나아가서는 스승의 가르침을 받아들이고
> 집에 들어와서는 어머니의 몸가짐을 받든다.

外 바깥 외

受 받을 수

傅 스승 부

訓 가르칠 훈

入 들 입

奉 받들 봉

母 어미 모

儀 거동 의

제44강

> 고모와 큰아버지, 작은아버지는 모두
> 조카를 자식처럼 대하고 자신의 아이와 나란히 여긴다.

諸 모두 제			諸		
姑 시어미 고			姑		
伯 맏 백			伯		
叔 아재비 숙			叔		
猶 같을 유			猶		
子 아들 자			子		
比 견줄 비			比		
兒 아이 아			兒		

제45강

> 형제자매를 마음 깊이 생각하니
> 같은 부모 밑에서 태어난 동기이고
> 한 뿌리에 연결된 가지이기 때문이다.

孔 구멍 공		孔(전서)	
懷 품을 회		懷(전서)	
兄 형 형		兄(전서)	
弟 아우 제		弟(전서)	
同 같을 동		同(전서)	
氣 기운 기		氣(전서)	
連 이을 련		連(전서)	
枝 가지 지		枝(전서)	

千字文

제46강

> 친구를 사귈 때는 뜻을 맞추고
> 서로 학문을 갈고 닦으며 법도에 맞게 바로잡아준다.

| 交 사귈 교 |
| 友 벗 우 |
| 投 던질 투 |
| 分 나눌 분 |
| 切 끊을 절 |
| 磨 갈 마 |
| 箴 경계 잠 |
| 規 법 규 |

제47강

어질고 자비롭고 남을 측은히 여기는 마음은
잠시라도 떠나게 해서는 안된다.

仁 알 지			仁		
慈 지날 과			慈		
隱 반드시 필			隱		
改 고칠 개			改		
得 얻을 득			得		
能 능할 능			能		
莫 없을 막			莫		
忘 잊을 망			忘		

제48강

> 절개와 의로움, 청렴함과 물러남은
> 넘어지고 곤경에 처하더라도
> 무너지게 해서는 안 된다.

節 마디 절		節	
義 옳을 의		義	
廉 청렴 렴		廉	
退 물러날 퇴		退	
顚 엎드릴 전		顚	
沛 자빠질 패		沛	
匪 아닐 비		匪	
虧 이지러질 휴		虧	

제49강

> 본성이 고요하면 감정도 편안하고
> 마음이 요동치면 몸도 피곤해진다.

性 성품 성	性
靜 고요할 정	靜
情 뜻 정	情
逸 편안할 일	逸
心 마음 심	心
動 움직일 동	動
神 정신 신	神
疲 피곤할 피	疲

제50강

> 참다움을 지키면 그 뜻이 가득해지고
> 외물을 쫓아가다 보면 의지도 옮겨간다.

| 守 지킬 수 |
| 眞 참 진 |
| 志 뜻 지 |
| 滿 찰 만 |
| 逐 쫓을 축 |
| 物 만물 물 |
| 意 뜻 의 |
| 移 옮길 의 |

제51강

올바른 마음가짐을 굳게 지켜낼 수 있다면
좋은 벼슬자리는 저절로 이어진다.

| 堅 굳을 견 |
| 持 가질 지 |
| 雅 바를 아 |
| 操 잡을 조 |
| 好 좋을 호 |
| 爵 벼슬 작 |
| 自 스스로 자 |
| 縻 고삐 미 |

尺宅大

千字文

甲骨文